AF703074

श्रद्धा सुमन

प्रेम और भक्ति की झलक

इंदु शंकर मित्तल

BookLeaf Publishing
India | USA | UK

Made with ❤ on the BookLeaf Publishing Platform
www.bookleafpub.in
www.bookleafpub.com

Dedication

यह पुस्तक समर्पित है
मेरी सहकर्मी जानकी मैडम, मोरारी बापूजी के श्री चरणों में पूर्णतया समर्पित चेतना दीदी और प्यारी सखी सहकर्मी ऊषा चुघ के प्यार को। चेतना दीदी मुझे बच्चे की तरह स्नेह देती हैं। मेरी किसी भी गलती को गलती ना मानना चेतना दीदी की श्रेष्ठता है, मेरी हर बात की प्रशंसा करना ऊषा चुघ की महानता है और मेरी हर गलती पर मुझे समझना जानकी मैडम का बड़प्पन है।

यह पुस्तक समर्पित है
मेरी नातिन सान्वी और तनिष्का को जो अपनी नानी मां की लेखनी में विश्वास रखती हैं। उनका ही प्रोत्साहन इस पुस्तक के सृजन का आधार बना।
मुझे लिखते हुए देखकर मेरी पोती मुस्कान भी खुश है।

यह पुस्तक समर्पित है
मेरे दोनों बच्चों जतिन और शिल्पी को जिनके प्रेम और सम्मान ने मेरी लेखनी को पंख दिए।

यह पुस्तक समर्पित है

मेरे जीवनसाथी को जिनके साथ मैं टूटती-संवरती रही।

यह पुस्तक समर्पित है

उन सभी दंपत्तियों को जिन्होंने अपने शब्दों, व्यवहार और अपनी बेरुखी से मेरे जीवन में उथल-पुथल मचा दी। दुःख-सुख, उतार-चढ़ाव तो सभी की जिंदगी का हिस्सा होते हैं। लेकिन मुझे जताया गया कि उनके बीच कभी झगड़ा नहीं हुआ है, अपने घर में कलह का कारण केवल मैं हूं। मैने पाया कि उन्होंने शर्तों पर प्यार किया है। सशर्त प्यार या तो समझौता है या फिर डर। रिश्तों में कूटनीति मैं कभी सीख ही नहीं पाई। मैंने जाना कि लाख कोशिशों के बावजूद मैं अपने भाग्य को नियंत्रित करने में असमर्थ हूं। मेरे आध्यात्मिकता की ओर उन्मुख होने में उनका भी बहुत बड़ा योगदान है।

यह पुस्तक समर्पित है

सभी सत्संगी बहनों को जो "सत्य, प्रेम और करुणा" के साधना-पथ पर निरंतर अग्रसर हैं।

Preface

“श्रद्धा सुमन” मेरे हृदय में उपजे उन भावों का एक विनम्र संकलन है जो प्रेम, श्रद्धा और भक्ति से अनुप्राणित हैं।
इस संग्रह की प्रत्येक कविता मेरे अंतर्मन के अनुभवों और ईश्वर के प्रति मेरी निष्कपट आस्था का प्रतिबिंब है। ये रचनाएँ मन को भीतर झाँकने और ईश्वर से एक शांत संवाद करने का आमंत्रण देती हैं।

“श्रद्धा सुमन” मेरे मन की उस यात्रा का परिणाम है, जो भक्ति, अनुभव और जीवन के छोटे-छोटे सत्य से होकर गुज़री है। इन कविताओं में कोई साहित्यिक प्रदर्शन नहीं, बल्कि एक साधारण हृदय की सहज अनुभूतियाँ हैं—कभी प्रार्थना के रूप में, कभी कृतज्ञता के रूप में, और कभी जीवन के प्रति विनम्र स्वीकार के रूप में।

मेरी कविताएँ शीर्षक नहीं रखतीं। वे नाम से पहले की अवस्था में जन्म लेती हैं—
जहाँ शब्द साँस लेते हैं और अनुभूति अर्थ बन जाती है। कुछ कविताएँ नाम से नहीं, श्वास से पहचानी जाती हैं।
वे विचार नहीं थोपतीं, अनुभूति बनकर पाठक के भीतर उतरती हैं।
मेरी रचनाएँ उसी अनुभूति से जन्मी हैं—
जहाँ भक्ति, प्रश्न, विस्मय और आत्मसंवाद एक-दूसरे से अलग नहीं रहते। ये रचनाएँ भक्ति, प्रश्न, विस्मय और आत्मसंवाद का सहज प्रवाह हैं। इसी कारण मैंने इन्हें शीर्षकों में बाँधने की बजाय मुक्त आकाश में रहने दिया है। ये खुले आकाश में साँस लेती हैं—हवामहल की तरह, जहाँ खिड़कियाँ नहीं, हवा ही दीवार होती है।

कुछ कविताएँ होती ही ऐसी हैं
जिन्हें नाम दे दो तो वे दीवारों में बंद हो जाती हैं।
मेरी कविताएँ पढ़ने वाले के मन में अपना नाम
स्वयं चुन लेती हैं।

मेरी ये कविताएँ
व्याख्या नहीं चाहतीं,
पहचान नहीं माँगतीं।
वे पढ़ने वाले से कहती हैं—
"मुझे पकड़ो मत,
बस मेरे साथ चलो।"

ये कविताएँ
न किसी निष्कर्ष पर ले जाने का आग्रह करती हैं,
न किसी एक अर्थ में स्वयं को सीमित करती हैं।
इनका अर्थ वही है जो पाठक इन्हें पढ़ते समय अपने भीतर खोज ले।

यदि मेरी लेखनी में कहीं अनजाने में किसी धार्मिक ग्रंथ, संतवाणी या किसी लेखक के शब्द ज्यों-के-त्यों आ गए हों, उनके शब्द यहाँ प्रतिध्वनित प्रतीत हों, और मुझे उसका स्मरण न रहा हो तो मैं विनम्र हृदय से उन सभी से क्षमायाचना करती हूँ। मेरा उद्देश्य किसी के विचारों को अपना बताना नहीं, बल्कि श्रद्धा, भक्ति और आत्मानुभूति को व्यक्त करना मात्र है। जो कुछ भी सुना, पढ़ा और हृदय में उतरा, वही भाव बनकर शब्दों में ढल गया। मैंने जो देखा, जिया और महसूस किया, वही शब्द बनकर इन पंक्तियों में उतर आया। ईश्वर के प्रति विश्वास, संबंधों की ऊष्मा, और जीवन की नश्वरता—इन सबने मेरी

लेखनी को दिशा दी है।
मैं स्वयं को कवयित्री नहीं, एक भाव-प्रवाहित साधक मानती हूँ—जो शब्दों के माध्यम से अपने ईश्वर को प्रणाम करने का प्रयास कर रही है।

ईश्वर साक्षी हैं – यह लेखन समर्पण है, अधिकार नहीं; साधना है, प्रदर्शन नहीं।

यदि ये रचनाएँ किसी क्षण आपको ठहरा दें,
शांति दे सकें, या भीतर कोई दीप जला दें—
तो यही इनकी पूर्णता है।

यदि इन कविताओं को पढ़ते समय किसी पाठक को अपने भीतर
शांति, आश्वासन या भक्ति का एक क्षण भी मिले,
तो मैं अपने प्रयास को सार्थक मानूँगी।

Acknowledgements

मैं उस परम सत्ता के प्रति गहन कृतज्ञता प्रकट करती हूँ, जिनकी अनुकंपा और उपस्थिति ने मुझे इस लेखन-पथ पर आगे बढ़ने की प्रेरणा दी। प्रभु की सेवा का केवल एक निश्चित प्रकार नही है, एक निश्चित क्षेत्र नही है। उनकी सेवा किसी भी रूप में की जा सकती है। कोई भी एक भक्त अपने परमात्मा की हर प्रकार से, हर क्षेत्र में सेवा नहीं कर सकता। गौतम बुद्ध के आनंद जो कर सकते हैं, वह रामकृष्ण परमहंस के विवेकानंद नहीं कर सकते। सहजोबाई जो कर सकती हैं, वह मीरा नहीं कर सकतीं। भरत जो कर सकते हैं, लक्ष्मण नहीं कर सकते। माता शबरी जो कर सकती हैं, मां अनुसूया वह नहीं कर सकतीं। सभी की सेवाओं का, सभी की भक्ति का अपना-अपना महात्म्य है। अपनी विशिष्ट जगह है। इसलिए किसी भी भक्त को अपनी भक्ति पर अहंकार नहीं होना चाहिए। अहंकार विध्वंस है, श्रद्धा सृजन है। विध्वंस पर ही सृजन होता है। सृजन परमात्मा की ऊर्जा है। अहंकार को नष्ट होना ही पड़ेगा। भगवत्ता हमारा स्वभाव है। बुद्धत्व हमारी नियति है।

1

प्रभु मेरे ! नहीं है मुझमें कोई ज्ञान।
मेरी लेखनी में भी नहीं है कोई जान।।
है अगम अकथनीय महिमा तुम्हारी।
कैसे स्तवन गान करूं ?
"नेति-नेति" कहा वेदों ने, मैं पांवर जीव क्या जानूं ?
मैं कलिमल ग्रसित, मैं लघु।
तुम विराट, कैसे मैं गुणगान करूं ?

हे अशरण शरण राम ! तेरी कृपा से संवरते सभी काम।।
तेरे प्रेम से ही मिलती है लेखनी को गति।
तेरा आशीर्वाद पाकर हो जाती है यह सुमति।।
दें सामर्थ्य मुझे तेरी कीर्ति का विश्व में विस्तार कर सकूं।
है यह भी एक उपाय, भव सागर मैं पार कर सकूं।।
मृत्यु को करूं मैं प्रशस्त, शांत भाव में स्थित रहे मेरा मन।

हैं शुकदेव अमरत्व के प्रतीक, कीर्तन के हैं आचार्य वे।
प्रभु के शुक बन उनका कीर्तन,उनका यश गान करूं।
प्रह्लाद की तरह क्षण-क्षण उनका मैं सुमिरन करूं।
लक्ष्मी बन अपने नारायण के श्री चरणों की सेवा करूं।
रहूं मैं पावन चरणों में सदा आलिंगनबद्ध।
हूं अवगुणों की खान मैं, बस रहूं दिव्य प्रेमपाश में आबद्ध।।

2

क्यों उदास हो जाती हूं मैं, जब तेरे दर्शन नही होते ?
क्या कण कण में तू विराजमान नही होता !
क्यों उदास हो जाती हूं मैं, जब तेरी आंखें मुझे नही देखती ?
क्या तू मुझे रोम रोम से देख नही रहा होता !

क्यों उदास हो जाती हूं मैं, जब मैं तेरे पास नही आ पाती ?
क्या तू मेरी धमनियों में रक्त बन कर विचरण नहीं कर रहा होता !
क्यों उदास हो जाती हूं मैं, जब तू मेरी अरदास नही सुनता ?
क्या तू मुझे अनाहत नाद सुना नही रहा होता !

क्यों उदास हो जाती हूं मैं, जब तू सबसे हंस कर बोलता है ?
क्या तू अपनी हंसी में मुझे संजो नही रहा होता !
क्यों उदास हो जाती हूं मैं, जब तू अपना वरद हस्त अपने भक्तों के शीश पर रखता है ?
क्या तू अपना हाथ मेरे हाथ में दे नही रहा होता !

क्यों उदास हो जाती हूं मैं, जब सब तुझे प्यार करते हैं ?
क्या तू मुझे प्यार कर नही रहा होता !
क्यों उदास हो जाती हूं मैं, जब तू मुझसे खाने को कुछ नही लेता ?
क्या तू नेत्रों से भोग लगा नहीं रहा होता !

क्यों उदास हो जाती हूं मैं, जब तू अब मुझे अपनी जूठन नही देता ?
क्या तेरे खाने से ही मेरा पेट भर नही रहा होता !
क्यों उदास होती हूं मैं, जब तू मेरी कद्र नहीं करता ?

क्या तू भीलनी की तरह मेरे बेर खा नही रहा होता !

क्यों उदास हो जाती हूं मैं, जब तू प्रेम भक्ति के तराने गाता है?
क्या तू मुझे भी प्रेम भक्ति सिखा नही रहा होता !
क्यों उदास हो जाती हूं मैं, जब तू मेरे घर में मेरे साथ नही रहता ?
क्या मेरे घर में तेरी खुशबू का आकाश छाया नही हुआ होता।

क्यों उदास हो जाती हूं मैं, जब तू मेरी प्रशंसा नही करता ?
क्या तू मुझे अहंकार कूप में गिरने से बचा नही रहा होता !
क्यों उदास हो जाती हूं मैं, जब तू मुझे डांट रहा होता है ?
क्या तू मुझे तब अपने सांचे में ढाल नहीं रहा होता !

क्यों उदास हो जाती हूं मैं, जब तू मेरे सवालों का जवाब नही देता ?
क्या तेरा आभामंडल ही तेरे जवाबों का घेरा नही होता !
क्यों उदास हो जाती हूं मैं, जब मुझे राजमार्ग पार करना होता है ?
क्या तू मेरी अंगुली पकड़े हुए नही होता !

क्यों उदास हो जाती हूं मैं, जब मैं केवल तेरे कदमों के निशान देखती हूं ?
क्या तू मुझे अपनी गोद में लिए हुए नही होता !
क्यों उदास हो जाती हूं मैं, जब मैं तेरी चरण पादुका को अपने हृदय से लगा नहीं पाती हूं ?
क्या तू अपने श्वास श्वास से मेरे रक्त को शुद्ध कर नहीं रहा होता !

क्यों उदास हो जाती हूं मैं, जब तू मुझसे कुछ नहीं लेता ?
क्या मैने अपना सब कुछ तुझे समर्पित नहीं कर रखा होता !
क्यों उदास हो जाती हूं मैं, जब मैं अपने आप को असहाय पाती हूं ?

क्या तू अपने प्राण मेरे प्राणों में एकाकार कर नही रहा होता !

क्यों उदास हो जाती हूं मैं, जब यह चांद अपने सूरज से नही मिल पाता?
क्या तेरा मस्तक सूरज, चांद से रोशन हो नही रहा होता !
क्यों उदास हो जाती हूं मैं, जब तू मिलकर आंखों से ओझल हो जाता है ?
क्या तू मेरी रूह को अपनी रूह में उड़ेल नही रहा होता !

क्यों उदास हो जाती हूं मैं, जब तू मेरी "हां" का इंतजार करता है ?
क्या मेरा इन्कार तेरी पद रज में विलय हो नही रहा होता !
क्यों उदास हो जाती हूं मैं, जब तू मेरी उदासी का कारण नहीं पूछता ?
क्या तू अपनी कृपा से जीवन परीक्षा में मुझे पास नहीं कर रहा होता ?

3

श्रुत ज्ञान,पठित ज्ञान कर सकते हैं हमारा मार्गदर्शन।
करुणा, संवेदना हमें करवाते हैं आत्मदर्शन।।

मनसा वाचा कर्मणा का कितना है यह अद्भुत क्रम।
असंभव है इन शब्दों का इतर या व्यतिक्रम।।

सृजनकर्ता ही सृजन है, सृजन ही है सृजनकर्ता।
बीज वृक्ष का अनुकरण है, वृक्ष बीज का अनुकर्ता।।

बीज का उबालना, भुनना है उसके वृक्ष बनने में अवरोध।
करुणामय, मंगलमय हृदय ही है कल्पवृक्ष का बोध।।

वृक्ष यदि है माली के सृजन का प्रमाण।
वृक्ष बीज के आत्मोत्सर्ग का भी है साक्ष्य महान।।

बीज को वृक्ष बना माली ने किया उसकी क्षमता का विस्तार,
वृक्ष ने भी कोटि-कोटि बीजों से किया उसकी महिमा का प्रसार।।

4

प्रभुजी तुम हो अंतर्यामी।
शबरी कहत है मैं हूं अधम से अधम नारी।
" भामिनी" कह कर बनाया अपना,
नवधा भक्ति से भर दी उसकी झोली सारी।
चख-चख बेर खिलाए तुमको, मेरा भी है यह सपना।
प्रभुजी तुम हो त्रिकालदर्शी।

प्रभुजी तुम हो अंतर्यामी।
परिचित करवाते खुद को- नाम ले जो प्रातः हमारा,
उस दिन उसे ना मिले आहारा।
मैं हूं अहंकारी, दे दो मुझ को भी कपीश्वर जैसी भक्ति,
हो जाए मेरी भी तुम्हारे चरणों में आसक्ति।
प्रभुजी तुम हो औघड़ दानी।

प्रभुजी तुम हो अंतर्यामी।
तुम जानत वे थे उज्ज्वल,
बिन मांगे की उन पर कृपा की बौछार।
तुम जानत मैं हूं कितनी उच्छृंखल,
डाल दो मुझ पर भी अपनी करुणा का ओहार।
प्रभुजी तुम हो दयानिधान।

प्रभु तुम हो अंतर्यामी।
अपने इस गुण को तुम बिसरो, तो निःसंकोच आऊं शरण तिहारी,
मनसा वाचा कर्मणा कर सकूंगी फिर फरियाद सारी।

हो सकूंगी सहज भाव से मैं तुमरे सम्मुख,
कट जाएंगे कोटि अपराध, हो जाऊं मैं निज उन्मुख।
प्रभु तुम हो सकल सुखकारी।

प्रभुजी तुम हो अंतर्यामी।
मैं दशानन साधु वेष धारी,
भक्ति मार्ग से डगमग होकर छल की राह अपनाई।
निज कस्तूरी को भूल मैंने कंचन रूप किया धारी।
किया कपट मैंने तुमसे ही, पाप है यह घोर अतिभारी।
पाप हुआ यह अति भारी, सबने मुझसे मुंह फेर लिया।
तुम बिन कौन सहारा मेरा, अब पश्चाताप ने घेर लिया,
मारणहार नही तारणहार हो तुम, दे दो भक्ति चिरस्थायी।
प्रभुजी तुम हो पतित पावनकारी।

प्रभुजी तुम हो अंतर्यामी।
मोहे अवगुण चित्त न धरियो, तुम हो बक्शनहारी।
आनंद-घन तुम, चिदानंदमय देह तुम्हारी।
निराकार से साकार हुए, मैं तुम पर हूं बलिहारी,
मेरा भी उद्धार करो, तुमने दुनिया सारी तारी।
प्रभुजी तुम हो त्रिपुरारी।

प्रभुजी तुम हो अंतर्यामी।
पलक झपकते ही मानस पर तुमने छवि उकेरी,
अमावस्या को पूनम कर दी, ज्योति हुई गहरी।
मैं हिमांशु, तुम अंशुमाली, लीला अद्भुत तेरी,
अपने सांचे में ढाल दो मुझे, मेरी डोर है हाथों में तेरी।
प्रभुजी तुम हो कुशल मदारी।

प्रभुजी तुम हो अंतर्यामी।
नहीं चाहिए अर्थ मुझे, जीवन का अर्थ बतला दो।
नहीं धर्म में रुचि मेरी, निष्काम कर्म समझा दो।
काम-विकारों से मुक्त कर, आत्माराम से मिला दो।
मुक्ति की नहीं आकांक्षा मेरी, निज चरणों की भक्ति दे दो।
प्रभुजी तुम हो भक्ति के भंडारी।

प्रभुजी तुम हो अंतर्यामी।
सुख दुःख में समभाव रहूं मैं, सूरति बने उजियारी।
श्री चरणों की आसक्ति हो ऐसी, जाने दुनिया सारी।
अहंकार ना बन पाए संस्कार मेरा, लोभ छोड़ बनूं मैं उपकारी।
क्रोध भस्म कर बोध जगा दो, तुम हो अविकारी।
प्रभुजी तुम हो असुरारी।

प्रभुजी तुम हो अंतर्यामी।
मुझमें तुझमें ना भेद रहे कुछ, अंश हूं मैं तुम्हारी।
जो तुम हो वही मैं हूं, यह अनुभूति हो प्यारी।
प्रभुजी त्रिभुवन महिमा विदित तुम्हारी।
लाज राखो अपने वचन की, मैं तेरा तू हमारी।
प्रभुजी तुम हो अविनाशी।

प्रभुजी तुम हो अंतर्यामी।

5

जय परम पिता परमेश्वर, जय पावन चरण अनूप।
जिसके पद नख ज्योति से रंक बने महिभूप।।
जय आनंद के सागर, जय पुरुषोत्तम अगोचर।
जिसकी अमृत वाणी सब के लिए है सदा हितकर।।

जय गोविंद, जय सद्गुरू परम सुजान।
जिसकी महिमा का कर न सके चारों वेद बखान।।
जय सदगुनाकर, जय दुःख भंजन भव पीर।
जिसका सान्निध्य पा कर हो जाता पुलक शरीर।।

जय आनंद रत्नाकर,जय दीन दयाल।
जिसके वरदायक हस्त मेटे सब कुअंक भाल।।
जय सद्गुरु रहमत के भंडारी, जय रक्षक महतारी।
जिसके दर्शन मात्र से निर्मल होती दुनिया सारी।।

जय प्रभु तीर्थ, जय गुरू, बंधु, पितु और माता।
जिसमें मज्जन से तन मन पावन हो जाता।।
जय कृपानिधान, जय सुख के धाम।
चहुं दिशि गूंज रहा है जिसका नाम।।

जय दीनबंधु, जय भक्ति के आगार।
जिसके शब्द से जीव होते भव से पार।।
जय दया के सिंधु, जय ॐ के बिंदु।
जिसको भजते निरंतर अज रमेश मुकुंदु।।

जय तेजमय भानु, जय विद्या की खान।
जिसके ज्ञान के प्रकाश से आलोकित सारा जहान।
जय त्रिगुणातीत, जय मनोहारी बहु विविध।
जिसके सुमिरन से ही मिट जाते दुःख त्रिविध।।

जय हिमांशु के अंशुमाली, जय मेरे त्रिपुरारी।
जिसकी भक्ति से सकल, परम गति के अधिकारी।।
जय मंगलकारी, जय श्री दर्शन, जय आनंद की नींव।
शरणागत को हृदय लगाएं सजल नयन राजीव।

जय जगतपिता, जय दयानिधान,
जिसकी कृपा से सारी सृष्टि महान।
श्रीचरणों में करबद्ध झुकाऊं अपना माथ,
रख दो मेरे सिर पर अपने ये दोनो वरद हाथ।।

6

कौशल्या के राम को, यशोदा के श्याम को।
आराध्य महादेव को, नमामि दीनबंधु को।।

देवताओं के उपास्य को, अपार महिमावंत को।
त्रिभुवन के स्वामी को, नमामि दीनबंधु को।।

स्वर्ग-अपवर्ग के पति को, संपूर्ण लावण्य सदन को।
राजीव दल नयन को, नमामि दीनबंधु को।।

हंसवत् श्वेतांबर को, सौंदर्य के अयन को।
निर्गुण-सगुण स्वरूप को, नमामि दीनबंधु को।।

कलिकाल व्याल के वैनतेय को, कामदेव के रिपु को।
रावण-कंस के तारण को, नमामि दीनबंधु को।।

मुनिवधु के मोक्षदाता को, कुब्जा की ऋजुता को।
सुखदाता दुःख भंजन को, नमामि दीनबंधु को।।

भक्तों के पक्षकर्ता को, भार्गव गर्व हर्ता को
सृष्टि के भर्ता को, नमामि दीनबंधु को।।

वयक्तमव्यक्त को, न आदिमध्यांत को।
रामेश्वर के मंत्र को, नमामि दीनबंधु को।।

हनुमंत हृदय कंज को, निषादराज के मीत को।
सुदामा के सखा को, नमामि दीनबंधु को।।

मंदाकिनी जनक को, लखन के भ्राता को।
राधा के मनमोहन को, नमामि दीनबंधु को।।

शुद्ध बोधायतन को, सच्चिदानंद को।
विमल वागीश को, नमामि दीनबंधु को।।

निराधार के आधार को, अनाथ के नाथ को।
करुणा के सिंधु को, नमामि दीनबंधु को।।

हेतु सुखसागर को, सेतु भव सागर को।
हेतुरहित कृपालु को, नमामि दीनबंधु को।।

ज्ञान गुण के मंदिर को, मंगल के भवन को।
हरि पद कंज को, नमामि दीनबंधु को।।

अखिल अघ गंजन को, विकारों के भंजन को।
संतों के रंजन को, नमामि दीनबंधु को।।

गरीब निवाजु को, जगद्गुरू वृषकेतु को।
नमामि सुखधाम को, मेरे हैं दीनबंधु नीको।।

7

प्रभुजी ! तुम्हारे श्री चरणों में रखूं अपना शीश।
पग-पग पर मिलता मुझे तुम्हारा आशीष।।

प्रकृति ने मुक्त कंठ से किया है तुम्हारा गान।
चहुं दिसि गूंज रहा संगीत तुम्हारा, हे कृपानिधान।।

रूप, महिमा,दिव्य गंध से हुआ मेरा परिचय।
सभी अलौकिक सद्गुणों के हो तुम सन्निचय।।

परमार्थ हित लिया तुमने जग में है अवतार।
पवित्र की सृष्टि, बने हम सब के तारन हार।।

निष्प्राणों के बने तुम प्राण, मिटाए त्रयताप- त्रास।
किया कलुष विभंजन, हुआ मन में उल्लास ।।

बांह पकड़ कर लीन्हें पंक से जीव उबार।
निर्मल मन करते, करते भव सागर से पार।

सुखदाता, दुःख भंजन है तुम्हारा नाम।
संपदा सृष्टि में बांटें सुबह और शाम ।।

करुणावतार की करुणा पल-पल करे सहाय।
नाम रत्न धन खान से निर्भय दियो बनाए।।

सब विधि रक्षा करते दीनबंधु भगवान ।
मिटे जन्म- जन्म के खोट और पुलकित हुए प्राण।।

लख चौरासी की राख से बचाते, शरणागत प्रतिपाल।
जगाए अंतरदीप, निस दिन करे चाकरी तुम्हारी काल ।।

तुम्हारे पदांबुज का करते जो निरंतर ध्यान।
बिन मांगे ही मिलते उनको जग के सभी वरदान।।

सृष्टि ने किया मुझ पर बहुत उपकार।
प्यासे को अमृत पिला किया जीवन साकार ।।

चरण स्पर्श करूं तुम्हारे, तुम जैसा कोई नहीं खेवनहार।
कृतज्ञ मन से, चित्त से करूं मैं तुम्हारा आभार।।

मैं गाती रहूं गुण तेरे, करूं प्रणाम साष्टांग।
हो श्री चरणों में दृढ़ भक्ति, यही है मेरी मांग ।।

8

जगतपति ने खुद में मानवीय गुण दिखलाए।
मायापति ने स्वयं माया का रूप धरा।
कितने मासूम हो, प्रभुजी, तुम।
कहते हो जो गुण तुम में हैं, वे ही मुझ में हैं।
राम रावण में, कृष्ण और कंस में कैसी समानता।
और फिर सागर बूंद बनी, विराट लघु हुआ।
इतनी महानता !

गगन मचल रहा है देखो झुक कर तुम्हे छूने को।
और धरा भी व्यग्र है, उठ पदरज के पद दर्शन को।
जलचर, थलचर, नभचर,उभयचर करते हैं सब तुम्हे नमन।
सतयुग, त्रेतायुग, द्वापर युग और कलियुग करते हैं तुम्हारा अभिनंदन।
उर्ध्व, ईशान, पूर्व, आग्नेय, दक्षिण,
नैऋत्य, पश्चिम, वायव्य, उत्तर और अधो लेती दिशा तुमसे।
लो! देखो! मध्य दिशा भी कह रही, मैं भी तो हूं।

मध्य मार्ग दिखलाते हो, मेरा भी स्वीकार करो अभिनंदन।
सुंदर सात समुंदर, पद प्रक्षालन करते तुम्हारे।
विश्व के आश्चर्य भी हैं गुणों से चकित तुम्हारे।
तुम्हारे दिव्य नेत्रों ने मुझे छूकर धूल से फूल बनाया।
अनहद नाद हो तुम, है गूंजती तुम से ही सृष्टि चहुंओर।
शिव हो तुम, देवन के देव हो तुम, कोई ना पा सके तुम्हारा छोर।

9

ब्रह्मांड के एक एक अक्षर में तुम्ही तो हो निवास करते।
शब्दावली के हर स्वर में तुम्ही तो हो विराजते।
अद्वितीय,अद्भुत,आडंबरहीन,आशुतोष, प्राणाधार हो हमारे।
इमारत हो हमारे प्यार की, हमारे इरादों की।
ईश्वर हो, ईशान हो ; हो हमारे हृदय का उजाला।
उज्जवल चरित्र के उत्कर्ष की सीमा से परे हो तुम।
ऊर्जस्वित हो, हो भरपूर प्यार की ऊष्मा से।
औषधालय तुम, औषधि भी तुम।

ऐसी मनोहर छवि है तुम्हारी, ऐश्वर्य की छटा है बिखेरते।
ओंकार की ओजस्विता हो तुम।
शतशः तुम, अंशतः हम।
वेदों के, उपनिषदों के महावाक्य हो तुम।
केवल स्वरों में नही सिमटे तुम, सारे व्यंजन भी हैं तुम्हारे।
कल्पवृक्ष हो, कण कण में व्याप्त हो तुम।
गीता श्री कृष्ण की तुम, गीत राधा के भी तुम।
घनश्याम तुम, मीरा के घुंघरू तुम।
चौरासी लाख योनियों के चमत्कारी मुक्तिदाता तुम।
छत्रछाया तुम्हारी में छाया बन सुरक्षित हम।
खरारि तुम, खुले दिल वाले तुम।

प्रतिभावान, प्रतिबिंबित करते सृष्टि में अपने को तुम।
फूल में खुशबू तुम्हारी, फल की चिंता करते नहीं तुम।
बजरंगबली तुम, बादशाहत तुम्हारी है सर्वत्र व्यापी।

भोले भंडारी, भावों के बस भूखे हो तुम।
तुम केवल शिव ही नहीं, ब्रह्मा विष्णु भी हैं रूप तुम्हारे।
मधुशाला में तुम्हारी उठती सुरती हमारी।
पंचमाक्षर बनता पंचामृत, पंचाक्षर से करते शिव की महिमा का गुणगान।
यशस्वी हो तुम सदैव, हो यामिनी या हो आहन।
लोहे को देते निज स्वरूप, लिंग भेद नहीं करते।
त्रिभुवन के स्वामी तुम, त्रयंबकम तुम।

शांतिपूर्ण तुम, शबरी का मान रखते तुम।
षोडश श्रृंगार भक्ति के तुम, संगीत के भी हो षडानन तुम।
सुनते हो करुणा से आर्त हमारी, स्वीकृति भी है दोषों सहित हमारी।
हिमांशु के अंशुमाली, ओ मेरे हमसफर, मेरे हमराज।
स्वर भी तुम, व्यंजन भी तुम, हो संयुक्ताक्षर भी तुम।
क्षय बनता अक्षय, क्षय श्री भी बनता श्री यक्ष तुम्हारे कदमों में।
ज्ञानपीठ तुम, ज्ञानातीत भी तुम।

श्रीनाथ मेरे ! तुम्हारी पदरज में श्रद्धा से निखरता रूप मेरा।
ब्रह्मा बन सृष्टि में सकारात्मकता को तुम रचते।
तुम ही सर्वोत्कर्ष रचना हो, रचयिता भी तुम।
हो स्नेही, परोपकारी, श्रेष्ठ नाम हैं तुम्हारे।
शांत,सौम्य, दयालु, परिपक्वता, जागरूकता हैं गुण तुम्हारे।
विष्णु बन हमारे मन को पोषित करते तुम।
हो अद्भुत रंगरेज तुम, अमावस्या को करते पूनम।
भरा है जादू आंखों में, संगीतमय जीवन है तुम्हारा।
अनन्य भक्ति ही है शक्ति तुम्हारी।
निष्पक्षता दर्शाता तुम्हारे उज्जवल चरित्र का पक्ष।

परमेश्वर ! हे परब्रह्म ! गुणातीत हो तुम, फिर भी लिखने का किया है साहस।

नहीं शक्ति, नहीं सामर्थ। मैं मतिहीन, हे पुरुषोत्मा।

कृपालु तुम, बख़्शनहार तुम।

10

आशीष साकार, त्रिगुणातीत तुम।
सकल शोक संताप भयहारी।।
सर्वव्यापक, सर्वशक्तिमान तुम।
चारों वेद गाएं महिमा तुम्हारी।।

अपने भक्तों का बढ़ाते तुम मान।
जगतजननी को खोजते हुई प्रसिद्ध,
पवनसुत की श्रीलंका की उड़ान।।
निमिष में पहुंच सकते थे तुम, हो तुम स्वयंसिद्ध,
पर, नल और नील को दिया तुमने सम्मान।।

कमल के फूल की तरह हो तुम असंग।
नंदी के बिना,पर शिवालय तुम्हारा है अधूरा।।
समभाव के तुम्हारे रूचिकर हैं सभी प्रसंग।
बिन रामेष्ट देवालय भी तो है तुम्हारा अधूरा।।

मुझमें तू है, तुझमें हूं मैं।
आत्माओं की प्रतिबद्धता का है मिलन।
दृष्टा और दृष्टि का है यह विलयन।।
तू मेरा विकल्प और हूं मैं तेरा विकल्प।
व्यक्ति और समष्टि का प्रबल है संकल्प।।
मैं तेरे बिन अधूरी तू मेरे बिन अधूरा।।

11

(आदि शंकराचार्य द्वारा रचित 'श्री गुरूपादुका स्तोत्रम्' का हिंदी अनुवाद)

भव सागर का फैला है अनंत संसार।
बनकर नौका करती जो हमें भव सागर से पार।
जिनके पूजन से मिलता हमें वैराग्य का अधिकार।
श्री गुरू चरणों की पादुकाओं को है बारंबार नमस्कार।।

पूर्णेंदु को देख उमड़ता जैसे ज्ञान का हो पारावार।
दुर्भाग्य के दावानल में बरसता जैसे जलधर का सम्भार।
दूर करती हैं जो सभी विपत्तियों का आगार।
श्री गुरू चरणों की पादुकाओं को है बारंबार नमस्कार।।

उपासक को पहुंचा देती हैं जो उत्कर्ष के उस पार।
रंक पंक को भी कर देती हैं ज़रदार।
मूक को कर वाचाल,बदलती उसके जीवन का सार।
श्री गुरू चरणों की पादुकाओं को है बारंबार नमस्कार।।

दिलकश हैं श्री गुरुदेव के राजीव चरणार।
माया जनित कामनाओं से करती जो निस्तार।
विनीत की मुराद करती जो पूर्ण लगातार।
श्री गुरू चरणों की पादुकाओं को है बारंबार नमस्कार।।

सम्राट के शिरोभूषण सी हैं जो शानदार।

नक्र आक्रांत जलवान में हों ज्यों तरूणी का अवतार।
प्रणत को देती जो संप्रभुता का पुरस्कार।
श्री गुरू चरणों की पादुकाओं को है बारंबार नमस्कार।।

अंशुमाली जैसे करता ओझल पाप तिमिर अपार।
त्रय ताप उरग हो जैसे पन्नगारी का आहार।
कुम्हला गया हो जैसे कृशानु से अज्ञानता का अकूपार।
श्री गुरू चरणों की पादुकाओं को है बारंबार नमस्कार।।

शम आदि षष्ठ वैभव का जो करती हैं संचार।
निःस्वार्थ एवं परार्थ मुक्ति की जो हैं दातार।
स्थिर भक्ति और मोक्ष का जो बनती हैं अभिसार।
श्री गुरू चरणों की पादुकाओं को है बारंबार नमस्कार।।

परोपकारी की मनोकामनाओं को जो करती हैं साकार।
मददगार की इच्छाओं को भी देती हैं वैसा ही आकार।
जिनके पूजन से हो जाता है अनायास ही आत्म साक्षात्कार।
श्री गुरू चरणों की पादुकाओं को है बारंबार नमस्कार।।

कामादि षष्ठ दुर्गुण उरग हो जैसे उरगारि का आहार।
वैराग्य और विवेक का जैसे भर दे अपार भंडार।
ज्ञान का हो दान और हो मोक्ष के लिए शीघ्र मनुहार।
श्री गुरू चरणों की पादुकाओं को है बारंबार नमस्कार।।

12

सत्संग करें हम और पल-पल रहें सत्य के संग।
मनभावन लगे प्रभुजी के सभी कथा प्रसंग।।
मित्रता प्रगाढ़ करें, रहे नित्य बोध के संग।
नित्य बोध से जीवन में बिखरे सभी सतरंग।।

कृष्ण की मैत्री का हो अंश-अंश में वितरण।
सखा, सुहृद प्रभु मेरे, सुलभ सभी तारण-तरण।।
अल्प काल में सब विद्या पांवें, पुण्यपुंज देवात्मा।
भ्राताओं से हारते जानबूझकर अजेय त्रिलोकात्मा।

सान्वी, तनिष्का से लबालब कर दें हर घर।
निर्भार करते बचपन से, हैं ऐसे मेरे प्रभुवर।।
सिखलाते पाठ हमें, हार-जीत नहीं है विचारणीय।
अधरों में भर दें मुस्कान, यही है सर्वत्र करणीय।

उनके बल पर हम त्यागें सभी विचार।
कर देंगे वे हमें मुक्त, होंगे हम निर्विकार।।
बाल रूप कृष्ण का करें सूरदास-सा सुमिरन।
श्री रामलल्ला में हो मेरा अड़ोल मन।।

दिखलाते अपनी जिद्द चंद्रमा को पाने की।
कभी करें चोरी गोपियों के माखन की।।
कौशल्या के राम, यशोदा के श्याम।
दुई जगह खुद को दिखलाते, दिखलाते मुख में ब्रह्मांड।।

मधुराधिपति का हर दम रहे ध्यान।
हे श्यामसुंदर ! हे प्रेममूर्ति !
नहीं जगत में अब कुछ है देखना।
नित रूप माधुरी को ही है पीना।।

13

इष्टदेव के चरण रख उर धार, नष्ट होंगे तेरे सारे विकार।
रूह करे पुकार पुकार, जाना चाहता है तू प्रभु के द्वार।
क्रोध की अग्नि है इस पार, बोध की ठंडक है उस पार।
काम की ज्वाला है इस पार, राम की माला है उस पार।

मोह माया को मन से तू उतार, मायापति का कर तू इंतजार।
लोभ का तू है क्यों शिकार, शिकारी बन कर तू इसे मार।
अहंकार को तू शीश से उतार, क्यों करता है तू कुछ विचार।
नहीं विचार जीत हुई या हार, श्री चरणों में रख दे सब भार।

मत तू अपने मन से हार, भगवत्ता पर है तेरा भी अधिकार।
खिल उठेगा तेरा पद्म सहस्रार, होगी तेरी जय जयकार।
जब छोड़ेगा तू संसार, प्रभु तुझे लेने आएंगे द्वार।
गले में पहनाकर स्वीकृति का हार,कर देंगे तुझे भव से पार।

14

कुमति मेरे रोम-रोम में है बसी, कहां-कहां करूं मैं उसका बखान ?
है तुम्हारी महिमा अपरम्पार, कैसे करूं मैं इसका बखान ?
रसना में है कोई रस नहीं, कैसे करूं मैं अमृत का पान ?
नयनों में बसे सभी विकार, कैसे करूं मैं तुम्हारा ध्यान ?
वचनों को किया नजरंदाज, तुमसे ही कर बैठी मैं गुमान।
मेरे लिए पट जाए धरती और गिर जाए आसमान।
मैं पाखंड, तुम सत्यनिष्ठ, नहीं है सीधा मेरा मेरुदंड।
मैं उद्दंड, तुम अखंड, मिल जाए मुझे मृत्युदंड।
नहीं मुक्ति की अभिलाषा, पुनर्जन्म हो मेरा।
चौखट पर रहे तेरे, सदा मेरा डेरा।

15

प्रभु के गुणों को अपनाएं, तो हो गया ध्यान।

उनका नाम लेने से आवागमन छूट जाएगा।
यदि यह हो विश्वास, तो हो गया ध्यान।
प्रभु के गुणों को अपनाएं, तो हो गया ध्यान।

उनके प्रेम में सब राग-द्वेष मिट जाएंगे।
यदि यह हो भरोसा, तो हो गया ध्यान।
प्रभु के गुणों को अपनाएं, तो हो गया ध्यान।

वे व्याप्त हैं जगत में, जगत व्याप्त है उनमें।
यदि यह हो न्यास, तो हो गया ध्यान।
प्रभु के गुणों को अपनाएं, तो हो गया ध्यान।

उनके श्री चरणों में हैं सारे तीर्थ स्थल।
यदि यह हो दृढ़ भरोसा, तो हो गया ध्यान।
प्रभु के गुणों को अपनाएं, तो हो गया ध्यान।

उनके श्री चरणों में अनुराग बढ़े पल-पल।
यदि हो ऐसी भक्ति, तो हो गया ध्यान।
प्रभु के गुणों को अपनाएं, तो हो गया ध्यान।

सभी प्रभुता भुला कर हो जाते हैं वे भक्त के अधीन।
यदि ऐसे चमत्कार पर हो श्रद्धा, तो हो गया ध्यान।

प्रभु के गुणों को अपनाएं, तो हो गया ध्यान।

वे हैं पितु-मातु, बंधु-सखा, हैं सब नाते उनसे।
यदि हो ऐसी प्रीति, तो हो गया ध्यान।
प्रभु के गुणों को अपनाएं, तो हो गया ध्यान।

वे हैं परमानंद, अमोघ है उनका दर्शन।
यदि फिर भी रहें प्यासी आंखें, तो हो गया ध्यान।
प्रभु के गुणों को अपनाएं, तो हो गया ध्यान।

वे नारायण हैं और हैं नारायण के अवतार।
यदि हो ऐसी प्रतीति, तो हो गया ध्यान।
प्रभु के गुणों को अपनाएं, तो हो गया ध्यान।

उनके सभी नियम बनें हमारा अनुष्ठान।
यदि हो ऐसा संकल्प, तो हो गया ध्यान।
प्रभु के गुणों को अपनाएं, तो हो गया ध्यान।

वे पास रहें या दूर रहें, हैं वे कल्याण-मित्र।
यदि हो ऐसा यकीन, तो हो गया ध्यान।
प्रभु के गुणों को अपनाएं, तो हो गया ध्यान।

उनकी याद में बीते दिन और रात।
यदि हों ऐसा समर्पण, तो हो गया ध्यान।
प्रभु के गुणों को अपनाएं, तो हो गया ध्यान।

उनके सौंदर्य से ही हैं रवि-शशि भासित।

यदि ऐसा हो भान, तो हो गया ध्यान।
प्रभु के गुणों को अपनाएं, तो हो गया ध्यान।

धूल बन पाएं कि फूल की तरह खिल जाएं।
यदि उसकी रजा में हों राज़ी, तो हो गया ध्यान।
प्रभु के गुणों को अपनाएं, तो हो गया ध्यान।

श्री चरणों की धूल के सम्मुख फूलों की ना हो कोई हस्ती।
यदि हो ऐसा त्याग, तो हो गया ध्यान।
प्रभु के गुणों को अपनाएं, तो हो गया ध्यान।

उनकी पदनख ज्योति से प्रकाशित हमारा आभामंडल।
यदि इस आभा से भोर हो जाए, तो हो गया ध्यान।
प्रभु के गुणों को अपनाएं, तो हो गया ध्यान।

16

आओ । हम सब मिलकर भक्ति का रसास्वादन करें।
संवारें अपना जीवन, प्रभु के दिल में राज करें।।
सजाएं सुर अच्छाइयों के, सभी तक संगीत मकरंद पहुंचाएं।
जगदीश्वर की प्रीत की यह रीत अपनाएं।

भर दें सबके जीवन में मधुरता, ना रहे कोई उदास।
बनाएं सबको अपना सखा, हों केवल प्रभु के दास।।
वात्सल्य भाव को पुष्ट करें, सर्वत्र प्रेम हो व्याप्त।
प्रभु के गुणों को करें हम आत्मसात् ।

आनंद का शिलान्यास करें और करें शांति का निर्माण।।
कमलनयन के पदपंकज में समर्पित यह अरदास।
हो सबका कल्याण, पाएं सब निर्वाण।
उनके श्रीचरणों की रहे हरदम अतृप्त प्यास।।

है यह समस्त दुःख हरण, सुख करण का अनुष्ठान।
रहे मधुराधिपति का हमें हरदम ध्यान।।
सजगता से, सहजता से निभाएं सारे नेम।
उनकी सर्वज्ञता से पुष्पित हो हमारा अंतर्ज्ञान।।

हैं वे समता के पुजारी, नहीं करते वे किसी से पक्षपात।
डूब जाएं उनके प्रेमसागर में, बहा दें सभी दुर्भाव।।
करुणा के हैं वे सागर, हैं सभी के वे तात।
राग-द्वेष मिटे हमारा, रखें उनके श्री चरणों में लगाव।।

आओ चलें अपने घर जो है परमानंद का धाम।
हैं वे मोक्ष के द्वार, वहां पाएं अपना बोध।।
ईर्ष्या, तृष्णा चित्त की, हो जाएं सभी विकार दूर तमाम।
होवे आत्म साक्षात्कार, अज्ञानता का हो जाए निरोध।।

नमन करें चिदानंद को, जग के तारणहार को।
जो मन में उजाला करें बिन बाती बिन तेल।।
वंदन करें अन्तर्ज्योति को, जग के कर्णधार को।
जो अंतर्मन निर्मल करें, करवाएं ईश्वर से मेल।।

17

पूर्व जन्म की त्रुटियों की विस्मृति तुम्हारी मुझपर अनुकंपा है।
उन जन्मों के पुण्य संस्कारों से ही तुम में मेरी श्रद्धा है।।
सर्वशक्तिमान तुम, दुर्जन को कभी अपनी सर्वशक्तिमत्ता नहीं दिखलाते।
जीवन को तुम उन्नत बनाते, नहीं ईश्वर का तुम खंडन करते।।
तुम ईश्वर के अवतार हो, यह भावों का अतिक्रमण नहीं।
तुम मुक्त हो, पर मैं नहीं, फिर भी गलत मापदंड से अंकन नहीं।।
नहीं हुआ अभी आत्मज्ञान मुझे, फिर भी सब में रूप तुम्हारा मैं देखूं।
अंतःकरण शुद्ध नहीं है मेरा, फिर भी तुम्हें मैं पहचानूं।।

बुद्धि भी तो निश्चयात्मिका नहीं, अहंकार में है प्रवृत्ति मेरी।
राग-द्वेष है मेरा अस्तित्व, आसक्ति है अंधियारी मेरी।।
तुम हो अलौकिक लौकिक, लौकिक अलौकिक भी तुम ही हो।
सत्य, प्रेम, करुणा से भरपूर मेरा जीवन हो।।

श्री मंदिर में तुम्हारी मुस्कान ही मेरा संबल है।
मेरे अंग-संग हो तुम, यही मेरा बल है।।
पग-पग चलूं मुक्तिपथ, पकड़ तुम्हारा हाथ।
जब-जब लूं जन्म, रहूं तुम्हारे ही साथ।।

मेरे सद्गुरु दीन दयाल, कृपा से सज्जित तेरा दरबार।
नयनों से अमृत बरसाते हो, अष्ट सिद्धि नौ निधि के हो आगार।।
सुन लो दीन दयाल, नयनाश्रु करे पुकार।
अपना बना लो मुझे, नष्ट हो जाएं सारे विकार।।

श्रद्धा-विश्वास के हों पर मेरे, नाप आऊं मैं गगन।
तुम्हारे चरणों में हो दृढ़ भक्ति, हो मेरी ऐसी लगन।।
मेरी आत्मा में रहे तुम्हारे ही नाम का निशान।
तुम बनो मेरी पहचान, मैं बनूं तुम्हारी पहचान।।

मेरे सद्गुरु, मेरी याद में अश्कों को तू भी बहा लेना।
मेरे सूखे गुलशन को गुलजार तू कर देना।।
श्री चरणों में श्रद्धा मेरी, नित-नित बढ़ा देना।
अंखियों में विराहाश्रु भर, मेरे उर को निर्भार कर देना।।

18

मेरा हृदय तुम्हारे श्री पावन कमल चरणों में नत है,
दिल तक पहुंचने की चाहत में।
मेरे मन को तुमने एक अभूतपूर्व जन्म दिया है जो
तुम्हारी दिव्यता की किरणों से चमक उठा था
आनंद के साथ सद्भाव में।

और इस फलते-फूलते आनंद और सद्भाव में भरे थे सभी रंग।
रंग, इंद्रधनुषी रंग जिससे किया था तुमने मेरा अभिनंदन।
एक और क्षितिज का निर्माण हुआ था, खुश थे सभी रंग।
जहां जीव, अजीव के भेद का था हुआ खंडन।

जिसके परिवर्तन की नही है कोई नीति।
तुमने मुझ पर बरसाया,
हर जगह अपना
स्नेह और आशीर्वाद
मुझे मेरे खोल से बाहर लाकर मुझे रूपांतरण करने का तुम्हारा प्रयास
जो
अभी भी जारी है और भविष्य में भी रहेगा।
दोनों के समानुपात से भी उत्कर्ष तुम्हारी कृपा।
मैं अधर्मी
तुम्हारे उपदेशों का पालन न करने के अहंकार से चूर।
मैं जो कुछ कर सकती थी, मैंने किया।
बेतुका,
पंकिल,

विपथगामी,
मूढ़, और
पीड़ादायक व्यवहार
मनसा, वाचा, कर्मणा से की गई
मेरी इस बेवकूफी पर आश्चर्यचकित हैं तुम्हारी
साधुता,
पवित्र सौंदर्य जो
दिव्य प्रकाश से सुसज्जित है।
तुम प्रकृति निर्मित
ब्रह्मांड का गहना,
निर्दोष, असंदिग्ध
स्वर्ग की आवाज,
भगवान का दर्पण और
स्वयं भगवान हो।
तुम परमानंद हो।

मुझे क्षमा करें भगवन। मेरी अर्जी स्वीकार करें।
आकाश में तारों के समान असंख्य संदेह के अंधकार को दूर करने के लिए मेरा नेतृत्व करें।
हे सुखदाता ! हे दुखभंजन ! अपने नाम को सार्थक करें।
हे बक्शनहार ! हे प्रभु ! मेरे गुनाहों को बक्शें।
त्रय ताप से मेरी रक्षा करें, मेरी रक्षा करें।
त्राहि माम् त्राहि माम्।
हे तारणहार ! हे कृपानिधान ! हे दीनदयाल !
मेरी सभी आसुरी वृत्तियों की आहुति दें और अपने प्रेम यज्ञ को पूर्ण करें।

19

हे सूर्यपुत्र ! क्या तुम भी मुझसे नाराज़ हो ?
क्या तुम्हारी महिषी को मेरे अंध तमस में रास्ता नहीं सूझ रहा ?
या तुम भी मेरी तरह अपने स्वामी की अवज्ञा करते हो ?
मेरी श्वास में ईश्वर, मेरी प्रश्वास में ईश्वर।
मेरी आस में ईश्वर, मेरे विश्वास में ईश्वर।
फिर भी मैंने उनकी अवज्ञा की।
उनकी आस, उनके विश्वास का कत्ल किया।
हे जीवितेश ! क्यों तुमने मुझे जीवित रखा ?

हे धर्मराज ! कहां गया तुम्हारा न्याय ?
क्या तुम्हारी तुला में जंग लग गया ?
या तुम भी मेरी तरह स्थिर नहीं रह सकते ?
मेरे मन में ईश्वर, मेरे तन में ईश्वर।
मेरी बुद्धि में ईश्वर, मेरी शुद्धि में ईश्वर।
फिर भी मैंने उनकी अवज्ञा की।
उनकी बुद्धि की शुद्धि का अविचार किया।
हे दंडधर ! क्यों तुमने मुझे दंड नहीं दिया ?

हे अंतक ! क्या तुम्हारा भी कोई अंत है ?
क्या तुम गिनती करना भूल गए हो ?
या फिर मेरी कलुषता को गिनते-गिनते थक गए हो ?
मेरे इष्ट हैं ईश्वर, मेरे अभीष्ट हैं ईश्वर।
मेरे जनक-जननी हैं ईश्वर, मेरे बंधु-सखा हैं ईश्वर।
फिर भी मैंने उनकी अवज्ञा की।

शिशुपाल की तरह उनका मान नहीं रखा।
हे कृतांत ! क्यों मेरा अंत नहीं हुआ अब तक ?

हे यमराज ! क्या तुम भी यम-नियम के पाश में आबद्ध हो ?
या अपना आसन छोड़ना नहीं चाहते हो ?
हे महिषवाहन ! तुम्हारा चित्रगुप्त कहां गया ?
या फिर चित्रगुप्त का बहीखाता गुम हो गया है ?
इसलिए ही तो क्या तुम विवश नहीं हो ?
पर, सावधान ! हे औदुम्बर !
मेरे ईश्वर, मेरे महेश्वर बहुत ही दयालु हैं।
उन्होंने मुझे देवताओं को भी दुर्लभ यह मानुष तन दिया है।
यह तुम्हारे लिए अस्पृश्य है।
मुझमें इतना सामर्थ्य नहीं कि मैं उन्हें रिझा सकूं।
पर, हे सर्वभूतक्षय !
मेरे विधाता अक्षय हैं, पतितपावन हैं, कलिपावनावतार हैं।
क्षमासागर हैं, वात्सल्य से ओतप्रोत हैं।
इस नादान बालक की भूल को वे अवश्य ही क्षमा कर देंगे।
वे अंतर्यामी हैं, मेरे दुःख को जान लेंगे।
मेरे सभी अघ, सभी अवगुण हर लेंगे।
वे सब भांति समर्थ हैं, मैं सब विधि दीन हूं।
उन समान कोई भी देव कृपालु नही है।
प्रणतपाल शरणागत की रक्षा हेतु वे प्रण से प्रतिबद्ध हैं।

20

मेरे प्रभु, अंतर्मन में कैसे आते तुम ?
पंथ था बहुत ही कंटकाकीर्ण। मंजिल भी तो थी बहुत ही जीर्ण-शीर्ण।
कण-कण में भरी थी कटुता, था चारों ओर प्रतिशोध।
कलह की नहीं कमी थी इस घर में, प्रचुरता में भी था दुर्बोध।।
धधक रही थी क्रोध की अग्नि, कम नहीं थी काम की ज्वाला।
सर्वस्व को निगलने को आतुर, थी अहंता की अंतर्ज्वाला।।
राग-द्वेष के खुले थे द्वार, ईर्ष्या का था चहुं ओर बसेरा।
पद का मद था घनघोर, विकारों से भरा था सवेरा।।
रश्मि-रथ विचरता गगन में, मोह का छाया रहता अंधकार।
अनल पुंज और अंबरमणि भी नही कर सके जिसको अंगीकार।।
कैसे आते तुम ?
पर, तुम हो पतितपावन।
अहैतुक कृपा की मुझ पर।
इस पावक को चंदन बनाने आए तुम।
कानन को नंदन बनाने आए तुम।
मेरी विषम दृष्टि को भेदने आए तुम।
अमावस्या को पूनम बनाने आए तुम।
मेरे प्रभु ! पहले तुमने अपनी दृष्टि से किया मेरा निर्माण।
अपने स्नेह जल से धो दिए मेरे सभी विकार।।
शमन कर दी सभी ज्वाला, छोड़ अपना अग्निबाण।
नूतन किया सर्वस्व मेरा, तुम हो अद्भुत मूर्तिकार।।
तब पवित्र किया अंतर्मन मेरा। अपनी प्राण प्रतिष्ठा की मुझ में।
शबरी की तरह मैं नही कर पाई सत्कार तुम्हारा।
ना आंखों में थे आंसू, ना सांसें ही थमी थी मेरी।

ना दीप कोई प्रज्वलित किया, ना आरती उतारी थी तुम्हारी।
कैसे करती सत्कार ?
मेरा तन मेरा कहां था, मन भी तो मेरा नहीं था।
बस तुम्हारा ही तो स्पंदन था।
मुझमें तुम थे, तुम में थी मैं !
सृष्टि तुम्हारी,दृष्टि तुम्हारी, सब पर तो था अधिकार तुम्हारा।
चित्र तुम्हारा, चित्रकार तुम, कौन सा रंग छिपाती मैं ?
धनुष तुम्हारा, तीर तुम्हारा, तरकश के थे सारे बाण तुम्हारे।
तुम सारथी, मैं अर्जुन ! एक तीर धनुष पर था तुम्हारे।
कैसे करती सत्कार तुम्हारा ?
पथ नहीं सजाया फूलों से, पर अर्पित किए थे श्रद्धा सुमन।
सान्निध्य में अपने रखकर जगत में बढ़ाया आकार मेरा।।
मेरी लघुता को तुमने दिया इतना बड़ा सम्मान।
प्रकटे अनेक रूप, जथाजोग मिले सबसे कृपानिधान।
इस बूंद को मत होने देना विलय, इसे खेलना है तुम्हारी गोद।
आत्मा हुई चैतन्य, नर्तकी बन करना है इसको आमोद-प्रमोद।।
आओ लुकाछिपी खेलें, तुम मुझे ढूंढो, मैं ढूंढू तुमको।
बूंद मैं बन जाऊं सागर, तुम बूंद बनकर मुझमें महको।।
बचाए रखना लोगों की नजरों से, रखना अपनी छांव।
दासी बनूं मैं तुम्हारी, हो संकल्प मेरा अंगद का पांव।।
मुझे भी दो तुम आश्वासन, भवसागर से नहीं उतारोगे मुझे पार।
रखना अपने श्रीचरणों में, जाना स्वीकार है मुझे यम के द्वार।।
हर जन्म में बस चाहिए तुम्हारा ही प्यार, ना करना मुझे इनकार।
यही है चींटी के नुपुर की झंकार, बस यही है चींटी के नुपुर की झंकार।।

21

सतगुरू मेरे परम साकार, तुम जीवों का करते उबार।
नहीं मुझे होना आजाद, हर जन्म रहना तुमरे साथ।
लहर बन गोद में है खेलना, किरण बन तुम में ही है समाना।
तुम बिन आनंद की हमें कोई नही है चाह,
तमस से भर जाएगी हमारी तो राह।
सद्गुरू मेरे परम दयाल, तुम करते दृष्टि से ही निहाल।
है बस पावन चरणों का आधार, गाऊं मैं श्रीपादुका के गुण बारंबार।
करूं मैं जलज पद पखार, तुम हो दयासिंधु दातार।
अपनी क्षमता से मैं गई हार, उच्छृंखल हुआ मेरा व्यवहार।
मेरी अधमता का नहीं है पारावार, तुम्हारे भक्त करते मेरी सम्हार।
इन चरणों पर बलिहार, ये ही करेंगे मुझे निर्विकार।
विनती करूं पुकार-पुकार,मेरे सतगुरू ! मैं हूं दासन दास तुम्हार।
तुम बिन कुछ और नहीं है सार, मेरी जीवन-बगिया के तुम खिलावनहार।
चरण तुम्हारे हृदय में धार, जाऊं जगत से फिर मैं निर्भार।
मेरे सभी भाव तुम्हारे हैं खेवनहार, मैं हूं तुम्हारी मुरली, चाहो जैसे करो झंकार।

22

सिमटा प्रकृति में प्यार बहुत, है यह बहुत उन्मादी- सी।
है दीपक और पतंगा इसमें, धागे में पिरोई माला-सी।
प्रेम नीर से नहाई हुई, अधरों पर मुस्काती बांसुरी- सी।
मोती चुग कर मानसरोवर से, मेरे मान को उपजाती- सी।
हरी सेज पर खिलती फुलवारी वेदों को शर्माती- सी।
पादप के पद से आनंद में लिपटी अमर लता की बेल- सी।
है अद्भुत प्रकृति प्रभु तुम्हारी ! माणिक पन्नों से लदी-लदी सी।
संस्कारों के वस्त्रों से शोभित, है गांव की अल्हड़ छोरी- सी।
कोटि चंद्र, दिवाकर कोटि, पिलाती अमृत धारा- सी।
पंच तत्वों से निर्मित, सितारों जड़ित गगन की छांव- सी।
मुझमें जीवंत, सब में जीवंत गुनगुनाते पंछी की उड़ान-सी।
खूब गाऊं महिमा इसकी, इस प्रकृति में बसते सभी भगवान जी।
आनंद से मगन हुआ मन, समां कुछ बांधा ऐसा प्रभु ने।
दूर क्षितिज लगता मुठ्ठी में, इंद्रधनुष लगता मुझमें पिघलता-सा।
तुमने ही खोली एक-एक कलियां, तुमने ही दिया है रूप अपना।

23

ईश्वर के ही प्रतिबिंब में, हुआ था आज के दिन तुम्हारा अवतरण।
धर्म के जीवंत उदाहरण के रूप में हुआ था तुम्हारा प्रकटन।

.... हे श्यामसुंदर। दुष्टता तो हर युग में न्यूनाधिक रहती ही है सक्रिय।.....

आध्यात्मिक सोपान पर आरूढ़ करना था तुम्हारा प्रयोजन।
जन-जन के कल्याण हेतु हुआ था तुम्हारा अवतार।
सृष्टि के कण-कण को दिया तुमने उबार।।

आओ हम सब मिलकर करें एक हवन।
लाएं अभय कुंड, प्रज्वलित करें योग अगन।।
हो घृत प्रेम का, लकड़ी हो विकारों की।
समिधा हो त्याग की, द्वैत की।।
करें मन को समर्पित, स्व को करें स्वाहा।
अहंकार की दें पूर्णाहुति, होगा उसी से यज्ञ सम्पूर्ण।
हम हैं बालक नादान, विधि विधान में नहीं हैं परिपूर्ण।।

हुई त्रुटि यदि तो प्रभुजी ! करते हैं करबद्ध क्षमा-याचना।
"वसुधैव कुटुंबकम्" और अपनाएं हम एकत्व की भावना।।
चहुं दिसी महक उठी प्रभुजी तुम्हारी करुणा साकार।
किया जिसने कण-कण का श्रृंगार।।
बरस रहा है तुम्हारा दिव्य प्रेम और आशीर्वाद।
अंतर्मन में सुन रहा है उनका ही नाद।।

छाई जन-जन के अधरों पर मुस्कान।
ऐसे हो तुम मेरे जगन्नाथ, मेरे परम सुजान।।

पांच तत्वों से निर्मित इस काया में बसे हैं पांच विकार।
काम, क्रोध, लोभ, मोह और अहंकार।।
तुम्हारी करुणा से अनुकूल ज्योतिष के ये पांच व्यवहार।
योग, लगन, ग्रह, तिथि और वार।।
यदि हो श्री चरणों से मिलन, हो लगन, हो उनका अनुग्रह, हो उन पर एतबार;
तो हर तिथि में, पल-पल में घट-घट में होगा साक्षात् तुम्हारा अवतार।
और होंगे सभी मुमुक्षु भवसागर से पार।।
डाली-डाली, पात-पात सभी करते तुम्हारा अभिनंदन।
सृष्टि के निर्माता को मेरा वंदन, है मुझमें भी तुम्हारा ही स्पंदन।

ॐ के बिंदु से सुसज्जित है यह आनंद।
है जिसमें भरी पवित्रता असीम।।
सत्य का जिसके चित्त में है वास।
उस दर्शन को कैसे करें तकसीम।।

24

गुरूदेव ने सकल ब्रह्मांड में ध्यानी की आत्मा को जगाया।
अज्ञानी जीव- अजीव का तिमिर दूर कर समता को दर्शाया।
निर्मल हृदय और समदृष्टि ने रवि-शशि से अलंकृत अज्ञेय का मान बढ़ाया।
वेद वाणी, देव वाणी बनकर दुःख और दर्द का द्वंद मिटाया।
समदर्शी बन सभी को अपनी प्रीति से बुलंदी पर चढ़ाया।
अधीश्वर हो कर भी सहचर बन समय के मूल्य का बोध करवाया।
समभाव से स्वीकार कर सब को निज स्वरूप बनाया।
मर्मज्ञ, मुमुक्षु को चौरासी लाख की राख से बचाया।
सेवाहीन, अकर्मण्य को भी अपनी कृपा का पात्र बनाया।
श्री चरणों में लीन अंतेवासी के आद्योपांत द्वंदों को अमान्य ठहराया।
कारूण्य तारिणी से शरणागत को भव सागर से निस्तारा।
ज्ञानतुरंग पर आरोहण कर वैतरणी से पार उतारा।
केंद्रित ने ही विकेंद्रित की शरणागति का आनंद पाया।
मुक्तिनिधि के वितरण से गुरूदेव का यश चहुं दिसि फैला।

25

हे समदर्शी! दुआओं पर है अधिकार सब का सम।
क्यों तेरी नजर में दुआएं नहीं रह गईं सम।
एक ने तेरे मंदिर में तेरे लिए दुआ की।
एक ने तेरे आश्रम।
फिर दोनो की दुआ में अंतर है क्या,बताओ तो जरा, हे ! परम।
क्यों, एक विहंगम और एक अमावस्या का तम।
एक औषधि,एक अपचार; एक मधुमास,एक भस्म।
एक इष्ट,एक अनिष्ट; एक भोज्य, एक क्षेपणम।
एक वृष्टि,एक अनावृष्टि; एक उत्तम,एक अधम।
एक सुधा,एक गरल; एक सक्षम, एक अक्षम।
और कहां रह गए निंदास्तुति में तुम सम?
अरे, कहां थी निंदा? निज कमियों का था वर्णन और था तुम्हारा स्तवम।
फिर तुम आश्रम में की गई दुआओं के लिए क्यों हुए निष्ठुर, क्यों हुए निर्मम।
यह तो तुम्हारा स्वभाव नहीं था अंशुमान, हे ! कलुष विभंजनम।
फिर क्यों हुए तुम विषम।
हे! दुःख भजन! क्यों तुमने उस भक्त पर अपनी रहमत का तोड़ा दम।
क्या अपनी इस संगदिली पर दुःखी नहीं हो तुम भी स्वयं?

26

प्रभु की लीलाओं का करूं मैं भाव से श्रवण।
उनके शुक बन, करूं उनके यश का कीर्तन।।
प्रह्लाद की तरह करूं मैं उनका ही सुमिरन।
पतितपावन का ही हो सदा पदसेवन।।
श्वास-श्वास से करूं मैं अक्षर का अर्चन।
विघ्नहर्ता ! शुरू करूं मैं हर काम, करके तुम्हारा वंदन।।
कपीश की तरह रहूं मैं जगतपति की दास।
सुदामा की तरह बनूं उनकी मित्र खास।।
हे प्रभु ! तुम्हारे श्री चरणों में मेरा है यह निवेदन।
मेरा हाथ कभी ना छोड़ें, सदा रखना श्री पावन चरणों में।।
अहैतुक कृपा की मुझ पर, उऋण कभी ना हो सकूं।
चौखट पर तेरे, रख दी अपनी आँखें।
तुम्हारी चितवन से खिल जाएं मेरी बाँछें।
चित्तवृत्ति सदा वहीं रहे, ना किसी और को निहार सकूं।।।
गलती पर देना क्षमा का दान। मैं हूं बालक नादान।।

27

मैं व्यष्टि हूँ, मैं ही समष्टि हूँ।
मैं स्थिर हूँ, मैं ही गतिमान हूँ।
मैं बिंदु हूँ, मैं ही सिंधु हूँ।
मैं बूंद हूँ, मैं ही विराट हूँ।
मैं ब्रह्मांड की सर्वोत्तम कृति हूँ, मैं ही रचयिता हूँ।.

मैं ध्रुव हूँ, मैं ही आकाश हूँ।
मैं ही विराग हूँ, मैं ही क्षितिज हूँ।
मैं ही अंदर हूँ, मैं ही बाहर हूँ।
मैं ही सजीव हूँ, मैं ही निर्जीव हूँ।
मैं ब्रह्मांड की सर्वोत्तम कृति हूँ, मैं ही रचयिता हूँ।...

मैं ही बीज हूँ, मैं ही वृष्टि हूँ।
मैं ही भोजन हूं, मैं ही भोज्य हूँ।
मैं ही मूल हूँ , मैं ही उत्कर्ष हूँ
मैं ही शिव की मुद्रा हूँ , मैं ही नटराज की भंगिमा हूँ ।
मैं ब्रह्मांड की सर्वोत्तम कृति हूँ, मैं ही रचयिता हूँ ......

मैं विश्व का केंद्र हूँ, मैं ही ॐ के बिंदु का केंद्र हूँ।
मैं ही अंश हूँ, मैं ही अंशी हूँ।
मैं ही सूक्ष्म हूँ, मैं ही विराट हूँ।
मैं ही कण हूँ , मैं ही रज हूँ।
मैं ही कण-कण में विद्यमान हूँ।

मैं ब्रह्मांड की सर्वोत्तम कृति हूँ, मैं ही रचयिता हूँ।...

मैं एक पवित्र एहसास हूँ, मैं अरूप हूँ।
मैं मृत्य विहीन जीवन हूँ, मैं शाश्वत हूँ।
मैं अस्तित्वहीन हूँ, मैं ही परमात्मा की खोज हूँ।
मैं अकेले ही अपने अकेलेपन की खोज हूँ।
मैं ब्रह्मांड की सर्वोत्तम कृति हूँ, मैं ही रचयिता हूँ .....
मैं आग का दहकता हुआ शोला हूँ, मैं ही शीतल हिम शिखर हूँ।
मैं महिपाल से शशिपाल तक मेरुदंड हूँ।
मेरा मूलाधार धरती है, सहस्त्रार गगन है।
मैं ब्रह्मांड की सर्वोत्तम कृति हूँ, मैं ही रचयिता हूँ...

मैं अकेले दिव्यपुंज हूँ, मैं समस्त रश्मियों का समूह हूँ।
मैं एकांत का सौंदर्य हूँ, मैं अखंड हूँ, अविभाज्य हूँ।
मैं ही वास्तविक हूँ , मैं ही अपना अक्श हूँ।
मैं शुद्ध बोध हूँ, मैं स्वतंत्र हूँ।
मैं एक हूँ, मैं ही अनेक हूँ। मैं शाश्वत हूँ
मैं ब्रह्मांड की सर्वोत्तम कृति हूँ, मैं ही रचयिता हूँ...

28

मैं हूं सब सपनो में।
मैं को ही नही पा सका मैं।।

दुःख "मैं, मेरा" है।
सुख भी तो "मैं, मेरा" ही है।

"मैं" वामन का त्रिपद है।
"मैं" ही तो वामन है।

मैं रावण दस शीश।
सब उन्नीस, मैं बीस।।

"मैं "जो करता, उत्कृष्ट है।
"मैं" जो नही करता, निकृष्ट है।

"मैं" है नगपति से विशाल, नदीश से भी गहरा।
जिसकी ऊंच- नीच पर नहीं है किसी और का पहरा।।

मैं की तलवार से छिड़ जाती हैं दुनिया में सर्वत्र जंग।
जिस पर हिलोरे लेती हैं कलुषित तुरंगम की तरंग।

जिसने अपने घर में नहीं दी "मैं" को पनाह।
सहजता से मिट गए उसके सारे गुनाह।।

उतरे ना सिर से तब तक मैं, मैं का भूत।
आए ना जब तक पाश लिए यमदूत।।

मिटे ना मैं, होए ना कल्याण।
जब तक लगे ना उदर में रामबाण।।

मैं का दर्शन होने ना दे सुदर्शन।
चंद्रमुखी हो और हों चाहे मोती से दशन।।

मैं की प्रगति से अवरुद्ध अध्यात्म की गति।
पदों में गति हो और हो चाहे मंदिरों में रति।।

मैं की अंधभक्ति से ना हो जीवन में प्रकाश।
ज्ञानदीप जलाएं और चाहे अंजन को करें तराश।।

मैं की श्रवणशक्ति सुनने ना दे अनाहत नाद।
श्रवण यंत्र दो और चाहे दिला दो परम की याद।।

मैं की गंध से नहीं आ पाएगा जीवन बगिया में मधुमास।
शब्द-लालित्य हो और हो चाहे कितना भी मन में उल्लास।।

मैं के स्पर्श से नहीं भरते रिश्तों के रिसते घाव।
सत्य का मलहम हो और हों चाहे पश्चाताप के भाव।।

पुण्य उदय होंगे जब, होगा प्रभु से मिलन अनमोल।
ढह जायेगा मैं, वे देंगे जीवन में अमृत घोल।।

पांचों इंद्रियां और छठा मन तब हो जाएंगे अंतर्मुखी।
जब प्रभु के हृदयकुंज में निवास करेगा बहिर्मुखी।।

सभी असुर उन्नीस, दशानन रावण हो चाहे बीस।
प्रभु का शर दर्शाएगा दर्पण,कौन इक्कीस कौन बीस।।

मुखर मैं बनेगा परमात्मा का मौन।
एकाकार होगा, नहीं बचेगा " किसका कौन"।।

अखिलेश्वर बनेंगे आधार, रहेंगे सदैव अंग-संग।
जीवन में भर देंगे इंद्रधनुषी सातों रंग।।

निराकार करेंगे मैं का निज इच्छा से रूपांतरण।
मैं बनेगा हम और होगा पावन चरणों में पूर्ण समर्पण।।

करुणेश के करुणा सागर में होगा नित्य पवित्र स्नान।
पल-पल जागृत रहेगा " वसुधैव कुटुंबकम्" का ही भान।।

सभी मद धुल जाएंगे, बस जाएगा अंखियों में सावन।
कृपालु की कृपादृष्टि से हो जाएगा, तन- मन पावन।।

आत्म शुद्धि होगी, होगा आत्मा का दर्शन साक्षात्।
इष्ट के आशीष से हर रात होगी पूनम की रात।।

वीतराग, वीतद्वेष जैसे प्रतिष्ठित होंगे सुंदर भाव।
महेश्वर की अनुकंपा से अडिग बनेगा समभाव।।

श्री चरणों की पदरज से जब लिपटेगा "हम"।
प्रकृति मुस्कुराएगी और धूसरित होंगे सब गम।।

29

राग-द्वेष मन के सिक्के के हैं दो पहलू।
निखरना और बिखरना भी तो जीवन के हैं दो पहलू।

राग शुक्ल है तो द्वेष है कृष्ण पक्ष।
विधु का विधान तज रहते हैं समकक्ष।।

राग द्वेष का, द्वेष राग का है परिक्रमण का अक्ष।
इसी अक्ष पर जन्मते रावण, मेघनाद और अक्ष।।

राग-द्वेष दोनों से यदि हैं उदासीन।
हो जाएंगे अज के पद पर आसीन।।

राग-द्वेष ही हैं सब विकारों के जन्मदाता।
इनसे विरक्त हो बन सकते हैं स्वयं के विधाता।।

जितना-जितना राग-द्वेष, उतना-उतना दुःख।
जितना- जितना अनुभव, उतना-उतना सुख।।

राग- रंजित, द्वेष- दूषित मन ! तेरा भी है भगवत्ता में भाग।
यदि शठता से तू करे द्वेष और शठ से करे तू राग।।

30

यह सोऽहं की बिंदु, यह ॐ की बिंदु
आओ हम बांट लें परस्पर।
मैं अपने हिस्से की बिंदु से खींच दूं श्रीचरणों में अपना शीश।
और तुम सजा दो अपने हिस्से से मेरा मस्तक।
जो तू है, वह मैं भी हो जाऊं।
फिर ना कोई दूरी, ना कोई तड़प।
ना कोई शिकवा, न कोई शिकायत।
जीएं हर पल एक-दूसरे के दर्पण बन कर हम।
फिर,
दोनों का ही हो प्रकाश प्रतिबिंबित।
जिसमें जन-जन का कल्याण हो निहित।
निष्प्राण में फूंक डाले हैं प्राण तुमने, एक विकर्ण को दिया है आधार।
शिव हो तुम ! वक्र चंद्रमा को भी शिरोधार्य किया।
ध्रुव-प्रह्लाद ने तो की थी सकाम भक्ति।
एक को तुमने गगन का द्वारपाल बनाया, एक को बनाया महिपाल।
दोनों में था युगांतर।
फिर भी बन गए वे इक दूजे का दर्पण।
मीरा ने अपने में राधा को जीया।
जीएं हर पल एक-दूसरे के दर्पण बन कर हम।
तेजमय भानु हो तुम, तुम्हारी ज्योति से है आलोकित सारा संसार।

31

सोऽहम् ,सोऽहम् बोल, दिल की कलियां खोल।
कट जायेगी तेरी चौरासी, बिन खड़ग बिन मोल।।

सोऽहम् ,सोऽहम् बोल विकारों से नही होवे मेलजोल।
छूटे सारी ग्रंथियां, सोऽहम् के तारों से इनको खोल।।

सोऽहम् सोऽहम् बोल गूंजे सब ओर ढ़ोल।
रहे असंग पंकज जैसे, होवे सार्थक खोल।।

सोऽहम् सोऽहम् बोल, मत कर टालमटोल।
गंगा-सा पवित्र बने, हिमालय-सा तू अड़ोल।।

सोऽहम् सोऽहम् बोल, बदल जाएगा तेरा भूगोल।
बोल ना तू कड़वे बोल, सब हो जाएंगे अबोल।।

सोऽहम् सोऽहम् बोल, सम भाव में तू डोल।
जगेगा तेरा बोध, होगा आत्मा से मिलन अनमोल।

सोऽहम् सोऽहम् बोल, मत हो तू डांवाडोल।
परमानंद होगा धाम तेरा, सोऽहम् को विभूति समतोल।

32

जब खुशियों से लबालब हो ये दिल, जब किसी से तुम रहे हो गले मिल
जब सबकी मुस्कान में हो तुम शामिल, तब भी
मन में जपते रहो सोऽहम् , सोऽहम् सोऽहम्।

जब चित्त में ना हो कोई क्लेश, हो जब तुम जन-जन के प्राणेश
और बन जाओ जब तुम गुरू के गुडाकेश, तब भी
मन में जपते रहो सोऽहम् , सोऽहम् सोऽहम्।

जब प्रेम का झरना बहता हो, जब पर दुःख दिल में रहता हो
जब चारों ओर समता ही समता हो,तब भी
मन में जपते रहो सोऽहम् , सोऽहम् सोऽहम्।

जब जीवन बगिया महकती हो, जब प्रेम मदिरा छलकती हो
जब आत्मा नित्य चहकती हो, तब भी
मन में जपते रहो सोऽहम् , सोऽहम् सोऽहम्।

जब सूरत शब्द से मिलती हो, जब कलियां शील की खिलती हों
जब धन मुक्ति की थैली बटती हो,तब भी
मन में जपते रहो सोऽहम् , सोऽहम् सोऽहम्।

जब गुरू यश अहनिशि गाते हो, जब श्रीचरणों में शीश नवाते हो
जब गुरुभक्ति को हृदय में सजाते हो, तब भी
मन में जपते रहो सोऽहम् , सोऽहम् सोऽहम्।

जब ब्रह्म मुहूर्त में अमृत की बारिश हो, जब गुरू के लिए प्रेम की तपिश हो
जब गुरू दर्शन की कशिश हो, तब भी
मन में जपते रहो सोऽहम् , सोऽहम् सोऽहम्।

33

सर्वारंभे अश्रुभिः सह पूजनीयाभ्याम् मम नेत्रद्वयाभ्याम्
भव सेतुभ्याम्, नमो नमः श्रीगुरुपादुकाभ्याम्।।

विकारमुक्तं कर्तुमग्रणीभ्याम्,अन्तर्निरीक्षकाभ्याम्
आत्मसाक्षात्दर्शयितुं समर्थाभ्याम् नमो नमः श्रीगुरुपादुकाभ्याम्।।

शांतिप्रदाभ्याम् ज्योतिधारकाभ्याम्
समभावे स्थिताभ्याम्,नमो नमः श्रीगुरुपादुकाभ्याम्।।

जन्मकर्मनिवारकाभ्याम्, सत्यधर्मयोः पथप्रदर्शकाभ्याम्
चतुरशीतिकोटिःयोनिभ्यःमुक्तिदाभ्याम् नमो नमः श्रीगुरुपादुकाभ्याम्
॥

आत्मज्ञानदाभ्याम् कालसर्पदंशाभ्याम्
गुरुभक्तिदाभ्याम् नमोः नमः श्रीगुरुपादुकाभ्याम् ।।

दोषसंहारकाभ्याम् ,पतितापावनाभ्याम्
दिव्यशक्ति प्रतीकाभ्याम् नमो नमः श्री गुरुपादुकाभ्याम।।

सर्वपापदाहकाभ्याम् अष्टषष्टितीर्थ सन्निहिताभ्याम्
त्रिगुणातीताभ्याम् नमो नमः श्री गुरुपादुकाभ्याम्।।

ज्ञानरत्नाकराभ्याम् वरदायकाभ्याम्
जगत् उद्धारयितुं साधनाभ्याम् नमो नमः श्रीगुरुपादुकाभ्याम्।।

समभावे स्थिताभ्याम् आत्मानः चिकित्सकाभ्याम्
सच्चिदानन्द रूपे एकरसाभ्याम् नमो नमःश्रीगुरुपादुकाभ्याम्।।

34

शीर्षम् मधुरम्, केशम् मधुरम् , कपालम् मधुरम्, मस्तिष्कम् मधुरम्।
मस्तकम् मधुरम्, भ्रूः मधुरा मधुराधिपतेरखिलं मधुरम् ।।

लोचनम् मधुरम्, पक्ष्मम् मधुरम्, कनीनिका मधुरा नासिका मधुरा
कर्णम् मधुरम्।, नासिक्यम् मधुरम्, मधुराधिपतेरखिलं मधुरम् ।।

अधरम् मधुरम् , मुखम् मधुरम् ,जिह्वा मधुरा, दंत पंक्ति मधुरा।
कपोलम् मधुरम्, चिबुकम् मधुरम् ,मधुराधिपतेरखिलं मधुरम् ।।

कंठः मधुरः, स्कंधः मधुरः, ग्रीवा मधुरा, वृक्का मधुरा।
हृदयम् मधुरम् ,वक्षःस्थलम् मधुरम् मधुराधिपतेरखिलं मधुरम् ।।

हस्तः मधुरः, कूर्परःमधुरः, मणिबंधः मधुरः करतलः मधुरः।
अंगुलिः मधुरः, अंगुष्ठः मधुरः, मधुराधिपतेरखिलं मधुरम् ।।

उदरः मधुरः, नाभिः मधुरः, जठरः मधुरः, यकृतः मधुरः।
कटिः मधुरः, मेरुदंडः मधुरः, मधुराधिपतेरखिलं मधुरम् ।।

पादम् मधुरम्, उरूः मधुरम्, जानु मधुरम् ,गुल्फः मधुरम्।
पादांगुष्ठः मधुरम्, पदतलम मधुरम् , मधुराधिपतेरखिलं मधुरम्।।

अस्थि मधुरा, धमनी मधुरा, रुधिरम् मधुरम्, त्वकम् मधुरम्।
चतुष्टयः मधुरम्, नखशिख मधुरम् मधुराधिपतेरखिलं मधुरम् ।।

35

परस चरण बलि- बलि जाऊं।
रक्षा करते सद्गुरू दुःखभंजन।।
मन मेरा विषय दीवाना।
हरते सब चित्तरंजन।।
न्यास-विन्यास से बनती मंत्रमय देह।
सामंद ज्ञान के परमहंस निरंजन।।
यम का पाश काटते।
नभ से अवतरित भव भय भंजन।।
महामंत्र जपत सकल नर- नारी
हंसों के हंस हैं गर्दिश गंजन।।

36

जब प्रातः सायं करें हम नित वंदन।
शाश्वत आनंद शांति का हो स्पंदन।।
श्री आरती पूजा से जो मिलता हमें आनंद।
भर देते हमारी झोली सुखदाता, परमानंद।।
शांति पाकर बनें हम समदर्शी और निर्द्वंद।
प्रेमाश्रु से पद धूलि से बनाएं हम अंजन।
इस दृग अंजन से हम बन जाएं निरंजन।।
अहंकार की अग्नि में जल रहा सब संसार।
आप,पाप, त्रयताप जल जाए जब जाएं प्रभु के द्वार।।
होवें शांत सभी विकार।
बन जाएं हम अपने प्रभु के अलंकार।
किंकर बन पदपंकज में नित झुकाएं अपना शीश।
पाएं परम पद, हमारे रोम-राम में हों जगदीश।
हे ! जगदेकत्राता ! हे श्री रामभद्र ! तव पद रेणु हम निष्प्राण में भर देती प्राण।
करुणायतन ! हे पतितपावन ! अधमोद्धारण ! हम हैं शरण तिहारी।।
अहिल्या की तरह कर दो गति हमारी।

37

प्रभु से हम केवल भक्ति का दान मांगें।
उनसे प्रीति कर इसको प्रेमाभक्ति में बदल दें।
प्रेमाभक्ति है सच्ची, बाकी सब है बेकार।
सुमग सुगम बना दे, परमानंद का लग जाए अंबार।
भौतिक सुख-समृद्धि सब है नश्वर।
आत्मज्ञान के पथ को कर देती ये जर्जर।
सब अनर्थ-रूप हैं, हमें ये तम-कूप में डालें।
सहस्त्रार पंकज के बदले पंक में क्यों हम पांव डालें ?
खेवनहार प्रभु, बच्छपद इव जब भव सागर से पार उतारें।
फिर क्यों हम मिथ्या सागर में मोह को उकेरें ?
हृदय प्रकाश की बजाय विषयों की आस क्यों करें ?
हृषिकेश से क्यों हम इंद्रियों के सुख मांगें ?
चिंतामणि दातार से कांच क्यों हम मांगें ?
ब्रह्म-पीयूष की जगह मृग-जल क्यों हम पीएं ?
पार्थिव में पारलौकिक आनंद कहां ?
अनुकूलता में, प्रतिकूलता में सिमटी है उनकी ही कृपा।
उनकी रजा में जब होंगे राज़ी हम।
ढल जाएंगे प्रभु के सांचे में हम।

38

आया आज रंगों का त्योहार। हो जीवन में बहार ही बहार।
दौड़ी जाऊं गुरूदेव के द्वार, हैं वे मेरे जीवन के आधार।
आज्ञा चक्र में है उनका धाम, मोरारी है उनका नाम।।
प्रेम की मूरत हैं साकार, शीतलता उनका है श्रृंगार।
हो कर सांसों पर सवार,रख जाऊं सारी लज्जा मन के पार।
नाम रंग में डूब गुरू संग खेलूं होली दिन और रात।
अनहद की धुन पर चढ़ कर संग नाचूं मैं डाली-डाली पात-पात।
एकरूप हो जाऊं, उनके अस्तित्व को कर लूं मैं आत्मसात्।
मेरा तन हो उनका मन, उनका मन हो मेरा धन।
भीगो दूं आंसुओं से उनका तन- मन, चढ़ा दूं उन पर भी मैं अपना रंग।
गुरूदेव भी करें मेरा चिंतन, हो उनको भी मेरी तड़पन।
मन से मन का हो मिलन, सभी विकारों का हो अन्तर्दहन।
बाह्य मिलन से यदि रहूं मैं वंचित, अंतर्मिलन की पूंजी हो संचित।
बापूजी के पदकमल जहां,सदा बसता सत्य, प्रेम, करुणा वहां।
सुखदाता, दुःख भजन, मेरे बापूजी, रहमतें बरसाते यहां वहां।
श्री पावन चरणों में हो मेरा धाम, पा जाऊं मैं परम विश्राम।
श्री पावन चरणों में मेरा वंदन, उनकी महफिल भी हो अधूरी मेरे बिन।
उनकी वफ़ा में हो मेरा भी अभिसार, मेरे रोम-रोम में उनका ही हो झंकार।

39

गुरूपूर्णिमा का उत्सव है बड़ा ही मनभावन।
मेरे बापूजी को महाकाश में देते शशि अपना रजत सिंहासन।।
घटाकाश को लुभाने नभ पर रचा प्रकृति ने यह अद्भुत संसार।
बापूजी के दर्शन को नहीं करना पड़ेगा अब इंतजार।।
गगन पर काले मेघ करते उनकी परिक्रमा।
करते अठखेलियां, पाकर अपनी ममतामयी मां।।
मेघदूत बन बांटे बापूजी के प्रेम की पाती।
तात ! दिखाओ हमें भी पाती ! तात ! बांचो प्रेम की पाती !
अपलक निहारते भूतल से नभतल सभी भक्तजन।
तारामंडल हाथ जोड़ गा रहे हैं विरुदावली मुग्धमन।।
वारिद भी झूल-झूल कर गाते महिमा अति भारी।
है मेरे बापूजी की कृपा अति न्यारी।।
लो! शुरू हो गई बरखा, बारिश की बूंदों में भेजते अमृत, मेरे गुरूवर।
आश्वासित करते हमें,
यह तो है सात्विक प्रेम का आकर्षण।
दैवी संपदाओं का है यह अद्भुत मिलन।
सिंहासन पर बैठ बापूजी चिदाकाश में भी झलक दिखाते।
चंद्रमा को घेरे मेघ हमें विश्वास दिलाते।
चाहे हो कितनी भी दूरी, बापूजी नहीं हैं हमसे दूर।
वे तो हैं कल्पतरू से, चिंतामणि से।
सूरज के घोड़े की पदचाप सुनाई दे रही।
मेरे मन ! ना हो निराश। अब रवि देंगे अपना स्वर्णिम सिंहासन।
बापूजी, मेरे गुरूवर करेंगे सक्षम, कर सकेंगे हम रवि में भी उनका चितवन।।

महिमा मेरे मोरारी बापूजी की, दोनों ही हैं उनके रत्नाकर।
उनके दर्शन से हर्षित जीवत्व अपने बुद्धत्व को पाकर।।
मलय बयार प्रशस्त कर रही मोक्ष द्वार मंदिर का पथ।
जीवन उल्लसित हुआ, हुए सभी पूर्ण मनोरथ।।
आओ सब मिलकर करें चरण वंदना गुरूदेव की।
बन जाएं हम भ्रमर, कीर्ति गाएं पदकंज मकरंद की।।
परिक्रमा करें गुरूवर की, भुक्तिमुक्तिदाता की।।
लख चौरासी कट जाएगी, अनुभूति होगी आत्म साक्षात्कार की।
दृष्टि में समाएं उनकी प्रकृति के कण-कण की शोभा।
मुखमंडल से चातक की मानो शांत हुई पिपासा।।
करोड़ों कामदेव की निस्तेज होती आभा।
मिटे सभी विकार, शांत हुई सब जिज्ञासा।।
यह कृपा नहीं तो और क्या है ?
आओ मिलकर गाएं गीत, बढ़ाएं बापूजी से अपनी प्रीत।

40

दीपोत्सव की मंगल कामना। *""प्रकाशो मे निज स्वरूपो""*
दीपावली का त्यौहार आपको खुशियों से भर दे।
रामभक्ति का हुआ पदार्पण, भक्त करते सब कुछ समर्पण।
रामभक्त को नही चाहिए दीया,घृत और बाती।
तत् स्नेह की बाती हो, योग की हो अगन।
जो भस्म कर दे महा मोह का घोर तम।
भक्ति की अखंड ज्योत जलती रहे आपके चित्त में।
जले दीप संतुष्टि के, पुष्टि के, समृद्धि के।
रोशन होता रहे दिल भूखे पेट की आग बुझाने को।
धरा पर ध्वज आपकी हो, फलक पर सितारें आपके हों।
आपकी जोत से हम अपनी भी जोत जगाएं।
आपकी हर मनोकामना को ईश्वर अपने हृदय से लगाएं।
भावनात्मक संवेदनाओं का हो एकीकरण....
डूबना और तैरना
ऊंचाई और गहराई, गर्म और ठंडा...
द्वैत संसार सागर में ईश्वर आपका सिर ऊंचा रखें।
सपनों की एक रंगीन-बहुरंगी पुनरावृत्ति हो।
श्रृंगार करती दृष्टि हो जो
दिल और दिमाग से सहजता से सहेजी हुई
स्वर्ग की खिलखिलाती, पवित्र महिमा
को जीवन में निवेश करती एक कला सदृश हो।
लाखों मील के पत्थर गढ़ता
अमर अग्नि की चिंगारी बनता
सभी अवरोधों को सुन्न करता

हर्षित,
युगों-युगों तक
मीठा ऐसा आपका प्यार हो जो ईश्वर आपको दें।
आच्छादित, गुरूदेव के साम्राज्य की चमक से लिपटी हुई ---
समस्त सुखों की राशि, कल्पनातीत,
प्रचुरता में लिपटी हुई, आध्यात्मिकता की पूर्णता को प्राप्त,
आमोद-प्रमोद से आप्लावित उत्कृष्ट रचना की तरह
संगीतमय मासूम- सी ऐसी आपकी ख़ुशी हो जो ईश्वर आपको दें।

41

आओ नूतन वर्ष के अवतरण का करें हम सब अभिनंदन।

मानव जीवन मिला हमें, है ईश्वरीय अनुकंपा।
चौरासी की राख से बचें, हो ऐसी भगवत्कृपा।

श्वास-प्रश्वास करते हमारा सृजन।
बनाते हमको पल-प्रति-पल नूतन।

हैं स्वयं हम पारस, करें हम भी अपना सृजन।
खुद से खुद को करें स्पर्श, बन जाएं हम सब कंचन।

खुद को खुद में खोजें, आत्मा का हो परमात्मा में मिलन।
आओ जिंदगी को बनाएं, ध्यान का अनुशीलन।

पाएं अपना बोध, जो है चिर निरंतर।
आत्मज्ञान हो उपलब्ध, बनें हम ईश्वर के समस्वर।

शाश्वत, कालातीत, पारलौकिक है हमारा यह दर्पण।
मुक्त आकाश में करें स्वच्छंदता व स्वतंत्रता से भ्रमण।

क्षण-प्रति-क्षण परिवर्तित जीवन का है प्रवाह।
चैतन्य का हो बोध हमें, हो अपने ही भीतर ईश्वरत्व का निर्वाह।

नवजीवन की नव वेला में आओ करें हम ये संकल्प।

धर्म सहिष्णु बनें, भूल से भी ना करें अतिक्रमण।
बनें हम संवेदनशील, करें निज भावनाओं का शुद्धिकरण।

भूल जाएं हिटलर की नृशंसता को, औरंगजेब की बर्बरता को।
याद करें गौतम बुद्ध,की करुणा को, अटल जी की बुद्धिमत्ता को।

षट रिपुओं का करते सभी शास्त्र वर्णन।
प्रतिस्पर्धा से होते वे शक्तिमान, करें हम उसका भी चिंतन।

स्पर्धा, प्रतिस्पर्धा ना बना सके हमें हिंसक।
सुधा से भर दें वसुधा को, रहें सदा इसके हम शुभचिंतक।

प्रकृति में पल-पल हो रहा है नवीनता का संचार।
दिव्यता हासिल करें, छोड़ सभी निरर्थक विचार।

शेष अवशेष ना बनने पाए, बन जाए वह विशेष।
और छिन्न- छिन्न हो जाएं हमारे सभी राग-द्वेष।

जिंदगी का पल-पल करना है हमें मंथन।
स्व का करना है अध्ययन, मनन, और चिंतन।

है परिवर्तन जीवन का ही अभिन्न अंग।
पल में नहीं करेंगे जिंदगी को कभी हम भंग।

अस्तित्व का है यह हम सब पर कृपा वर्षण।
करें सदा सृष्टि के नियमों का हम पालन।

करें आत्म विश्लेषण, करें हम अपना दिव्य रूपांतरण।
हो ना बाह्य आडंबर,जीएं जीवंतता से जीवन के हर चरण।

सत्य, प्रेम और करुणा से भर दें प्रकृति का कण-कण।
सदाचार,सरलता और समता के पथ पर हों अग्रसर क्षण-क्षण।

अनर्गल बातों से बचें, ना करें हम अपनी ऊर्जा का क्षरण।
साधें आर्य मौन, मन की चंचलता पर हो हमारा नियंत्रण।

इष्ट के श्री चरणों में रति हो दिने-दिने नवम-नवम।
बनें हम उत्कृष्ट कृति, निभाएं सभी संकल्प हृदयंगम।

42

जिंदगी ! थोड़ा ठहर। मैं खुद अवसान की तैयारी में हूं।
बस कुछ पल!
फूलों की आंखों में झांक लूं, उनका हाथ पकड़ कर मुस्कुराना सीख लूं।
लता बन उनके कंधों पर चढ़ संसार को देख लूं।
गुरूदेव से जन्मों- जन्मांतर का वायदा तो ले लूं।
फिर जब- जब जन्म लूंगी, गुरूदेव के संग-संग ही रहूंगी।
उनके कदमों के निशान को अपने कदम बनाऊंगी।
जिंदगी ! थोड़ा ठहर। मैं खुद अवसान की तैयारी में हूं।
बस कुछ पल!
जब- जब जन्म लूंगी, गुरूदेव के पदपंकज की सेवा करूंगी।
मुक्त कंठ से खुली हवा में स्वच्छंदता से उन के गीत गाऊंगी।
उनको अपनी सांसों में, अपने रोम रोम में बसा लूंगी।
उनके प्रेम में दीवानी होकर सारी दुनिया से प्रेम करूंगी।
जिंदगी ! थोड़ा ठहर। मैं खुद अवसान की तैयारी में हूं।
उनके साथ अपनी एक मुस्कुराती हुई तस्वीर तो साथ ले चलूं।
गुरूदेव को कोटि- कोटि दंडवत प्रणाम तो करती चलूं।
उनके चरण स्पर्श तो कर लूं, उनके हृदय से तो लग जाऊं।
जिंदगी ! थोड़ा ठहर। मैं खुद अवसान की तैयारी में हूं।
बस कुछ पल!
अरे, उनकी पदरज में नहा तो लूं।
उनके आशीर्वाद की चुनरिया तो ओढ़ लूं।
चलो, जिंदगी ! अब चलो। अवसान की सारी तैयारी हो चुकी है।
देखो ! गुरूदेव ने प्यारी- सी सतरंगी नौका भी भेज दी है।

चलो भी अब !
गुरूदेव स्वयं अपने हाथों से मुझे नौका में बिठाएंगे।
आनंद होगा। पूर्ण आनंद होगा ! आत्मा नृत्य करेगी।
अलविदा ! अलविदा ! अलविदा !

43

दो नयनों के सामने हरदम तेरे श्री चरण हों,
मैं बनूं दीवाना तेरा,ऐसी मेरी तकदीर हो।
अब तलक मैने गुजारी तेरे बिन अपनी जिंदगी,
अब सर्वस्व हो अर्पण, मन मेरा हरदम तेरे लिए अधीर हो।
मन के मंदिर में बसो प्रभुजी, तेरी सेवा मेरी इबादत हो,
चरणों को भीगे प्रणाम से शीतल कर दूं, यही मेरी चाहत हो।
कौस्तुभ बनी कृपा बयार मेरे पतित मन के कानन में,
हो खिले फिर से भगवन नयन पीयूष का ही कमल हो।
अपने भक्तों को है तुमने स्निग्ध पदरज से निहाल किया,
तेरी महिमा मैं गा सकूं,मेरा रोम रोम हर शब्द हो।

44

मुझे सतगुरू वह दिल दे कि जिसमे तेरी प्रेम पीर गंभीर हो।
जुबां ऐसी दे कि जिसमे तेरी ही विरदावली हो।
मुझे बक्श दे वे आंखें जिनमे बस तेरा ही नूर हो।
कि जर्रे जर्रे में देखे वो रूप तेरा ही हो।
मेरे सतगुरू मुझ पर कर दे रहम,
मुझे ऐसे श्रवण रंध्र दे जो केवल तेरा ही नाम सुन पाएं।
मुझे देना जिह्वा अगर, तो देना जो चखे वो तेरा ही प्रसाद हो।
मुझे देना नासिका अगर, तो उनमें बस तेरी ही खुशबू हो।
मुझे देना हाथ अगर, तो वे तेरी सेवा में अहर्निश रत हों।
मुझे दे दे ऐसे पांव, जिनमे स्पंदन तेरे धाम का हो।
जिनमें गति वहां कि हो जहां मेरे सतगुरू तेरी पगधूली हो।
मुझे ऐसा शीश दे जो तेरे श्री चरणों में झुका रहे।
मुझे देना यदि संगत तो देना अपने प्यारे भक्तों की,
कि जिनके गुंजन से भव से पार मेरा हो।

45

प्रेम मौन नहीं रह पाता है।
रसधार बहती रहे जिस रिश्ते में,
वह रिश्ता मन को बहुत भाता है।
जगतपिता को मान कर अपना,
जीया था मैंने ध्रुव का मान।
अब पुतली रह गई हूं मिट्टी की मैं,
त्रुटियों से हुई जो निष्प्राण।
बेहतर होता यदि पिता बन
तुम फूंकते उसमें अपने प्राण।
जी उठती सागर की तरंगों-सी,
आनन पर रहती चिरस्थायी मुस्कान।
होते दर्शन अमोघ तुम्हारे,या होता मेरा भी संबोधन,
होता सारा विश्व मेरा, होता मेरा भी गगन।
जगन्नाथ ! पर, तुम नहीं बच पाओगे जब भव से मेरे भावों का होगा तिरोहन,
और प्रेमाश्रु के दो मोती से होगा तुम्हारे श्री पावन चरणों का जब कभी वंदन।

46

मौन अधरों से वाणी का विश्राम नही है।
मौन तो मनमोहन की अधरों पर मुस्कुराती बंसी है।

मौन कब्रिस्तान की खामोशी नही है।
मौन की अपनी श्रवणीय भाषा है।

मौन संकेतों से संवाद का नाम नहीं है।
मौन तो उत्तर की पृष्ठभूमि है।

मौन आंखों का प्राणायाम नहीं है।
मौन तो सुलोचन दृष्टा की दृष्टि है।

मौन इहलौकिक दर्शनीय नही है।
मौन तो पारलौकिक विचरण है।

मौन कानों से टकराती ध्वनि नहीं है।
मौन तो अनाहत नाद सुनने का संगीत यंत्र है।

मौन जिह्वा का स्वाद नही है।
मौन का तो अपना अनिर्वचनीय स्वाद है।

मौन आपादमस्तक गति नही है।
मौन तो रमणीय सौंदर्य है।

मौन नासिकापुटों का श्वसन नही है।
मौन तो विषमता की गंध से रहित है।

मौन की सभी इंद्रियां बहिर्मुखी नही है।
मौन का संसार तो केंद्राभिमुखी है।

मौन गद्यांश-पद्यांश का विषय नही है।
मौन तो बुद्ध का महाकाव्य है।

मौन ओढ़े हुए बोझ की थकावट नहीं है।
मौन तो अपने आकाश की स्फूर्त यात्रा है।

मौन एंद्रिक शिथिलता नही है।
मौन आराम है, राम है।

मौन हिमालय का पाषाण नही है।
मौन तो हिमालय का भगवान शिव है।

मौन परिस्थितियों से निर्वासित नही है।
मौन तो त्रिभुवन का स्वामी है।

मौन शमशान भूमि की बेहोशी नही है।
मौन तो जितेंद्रिय की गगनचुंबी मुस्कान है।

मौन समुंद्र की दर्शनीय चंचलता नही है।
मौन तो समुंद्र की गहराई का ठहराव है।

मौन निकाय की सुंदरता से आबद्ध नही है।
मौन निराकार की बेहद खूबसूरत छवि है।

मौन में अकेलापन नही है।
मौन का साथी त्रिकालदर्शी है।

मौन हिंदु, मुस्लिम, सिख, ईसाई नही है।
मौन आद्योपांत अद्वैत है।

47

आध्यात्मिक जगत के बहन-भाई हैं दोनो हम।
ईश्वर की बगिया का सर्वोत्तम फूल हो तुम।
तुम्हारी सहस्त्र दल की कली हैं हम।
शोभा सत्य की बगिया की हैं दोनो हम।।

भाई-बहन के आत्मिक बंधन से बंधे हैं दोनो हम।
ज्ञान-भक्ति,शिव-शक्ति का भंडार हो तुम।
आप्लावित भंडार का दाना हैं हम।
शोभा प्रेम की बगिया की हैं दोनो हम।।

एक डाल के फूल हैं दोनों हम।
सप्रेम कलाई आगे करते हो तुम।
श्रद्धा को विश्वास से बांधते हैं हम।
रक्षा बंधन का उत्सव मनाते हैं दोनो हम।।

कृष्ण की गीता से बंधे हैं दोनो हम।
आत्मा रक्षति रक्षितः सिखलाते तुम।
धर्मः रक्षति रक्षितः भी तुमसे सीखते हम।
रक्षा बंधन का उत्सव मनाते हैं दोनों हम।।

करुणा की प्रेरणा से बंधे हैं दोनो हम।
नारी शक्ति को जगाने में कटिबद्ध तुम।
शत्रु रूपी मृग का मर्दन कर सके हम।
रक्षा बंधन का उत्सव मनाते हैं दोनों हम।।

जगत के नियमों से बंधे हैं दोनो हम।
सत्य, प्रेम, करुणा के अवतार हो तुम।
सुमिरन, ध्यान की महत्ता तुमसे सीखते हम।
सच्चिदानंद के आयाम पर पहुंचते हैं दोनो हम।।

ईश्वर के प्रेम से बंधे हैं दोनो हम।
पावन प्रेम की सुगंध हो तुम।
तुम्हारी सुगंध से सुगंधित हैं हम।
शोभा की बगिया की हैं दोनो हम।।

गुरूदेव की भक्ति से बंधे हैं दोनो हम।
भक्ति का विशाल सागर हो तुम।
इस सागर की एक बूंद हैं हम।
शोभा गुरूदेव की बगिया की हैं दोनो हम।।

गुरूदेव के सुमिरन से बंधे हैं दोनो हम।
सुमिरन पुष्प से गूंथे हुए हार हो तुम।
इस हार का पुष्प बनने की कोशिश करते हम।
शोभा गुरूदेव की बगिया की हैं दोनो हम।।

गुरूदेव के दर्शन को आतुर हैं दोनों हम।
उनके सौंदर्य का दर्पण प्रतिबिंब हो तुम।
उस प्रतिबिंब की छाया का दामन पकड़ते हम।
शोभा गुरूदेव की बगिया की हैं दोनो हम।।

गुरूदेव के सेवाभाव की कृति हैं दोनों हम।

उस कृति की कीर्ति का शिखर हो तुम।
शिखर का एक पत्थर हैं हम।
शोभा गुरूदेव की बगिया की हैं दोनो हम।।

गुरूदेव की रूह हैं दोनो हम।
विश्व विख्यात श्रेष्ठ शिष्य हो तुम।
भावों को दोनों के श्री चरणों में समर्पित करते हम।
जन्मों- जन्मांतर तक साथ रहेंगे दोनो हम।।

शोभा गुरूदेव की बगिया की हैं दोनो हम।
रक्षा बंधन का उत्सव मनाते हैं दोनों हम।

48

आकाश की ऊंचाई ,धरती का धैर्य है मेरे बापूजी में।
पतंगों का समर्पण ,सूर्य का तेज है उनमें।
चन्द्र की शीतलता , रश्मिपुंज तारों की उज्ज्वलता है उनमें।
नदी की तरह प्रवाहमान हैं वे।
उनकी कथनी और करनी में एकरूपता है।
कथनी में कलात्मक सयंम और करनी में आवेग है।
सत्य, प्रेम, करुणा उनके व्यक्तित्व का प्रकाश है।
उनका जीवन सत्य , प्रेम , करुणा से भरपूर है।
वे दीक्षा नहीं, शिक्षा देते हैं।
फिर भी मैं उन्हें अपना गुरू मानती हूं।
कोई भी उनका शिष्य नहीं है, हम सब उनकी बगिया के फूल हैं।
हर परिस्थिति में सभी का स्वीकार उनकी आर्द्रता है।
मेरे गुरूदेव, पूर्णेंदु ! आपकी शीतल किरणे मुझको देदीप्यमान कर रही हैं।
आपका प्यार, आपकी चेतना मेरे रोम रोम में बसी है,मेरे करुणेश !
हे कृपालु ! आपके आशीर्वाद के बिना तो मैं स्पंदनहीन हूं।

49

हो गगन सदृश विशाल तुम, क्यों अपने को आंकते कम तुम ?
विनम्रता की मिसाल हो तुम, नहीं हो ईश्वर से कम तुम।
देव का बल तुम में, हो बलदेव जी के प्रणत तुम।
बीज में तुम, वृक्ष में तुम; अव्यक्त व्यक्त हो तुम।
हो प्रकृति की उत्कृष्ट रचना, ऊषा काल के सपने तुम।
हो चरित्र के कुबेर तुम, नहीं हो मर्यादा पुरुषोत्तम से कम तुम।
शिवत्व तुम्हारी रग-रग में भासित, आत्मा तुम्हारी है आनंदमय।
ज्ञान-प्रज्ञान के निष्णात तुम, अस्तित्व तुम्हारा है वेदमय।
तुम हो अतुलनीय, सुख-दुख के तुम ही हो रचनाकार।
सुख की आकांक्षा और दुख की आशंका को कर दो निराकार।
आनंद हो तुम, समा जाओ सब के घट-घट में।
बिखरा दो अपनी अनुपम छटा, डूब जाएं सब परमानंद में।

50

दीन बन्धु दिनेश दानव दैत्य वंश संहारी।
प्रभु हैं प्यार के भंडारी।
जनक-जननी, बंधु-सखा बन करते बहुत प्यार।
सभी नाते हैं उनसे।
पर, तरसते हैं वे हमारा प्यार।
सर्व समर्थ गोसाईं।
प्रभु के पास नहीं है हमारा प्यार।

आओ सखे, हम उन्हें खूब प्यार करें।
स्नेह सहित उनके नाम का जाप करें।
हो पद कंजारुणं की प्रीति लक्ष्य हमारा परम।
उनके पदपंकज की प्रीति,
बिना श्रम रक्तबीज कलुषता काटे, सहज हो हमारी जागृति।

51

क्यों इधर-उधर भटकते हो ? सांसों की माला में प्रभु का जप करें।
प्रभु ही नृसिंह बन कर खंबे से थे प्रकट हुए।
हिरण्यकशिपु के पाश से प्रह्लाद को मुक्त करवाते वे।
आओ महामंत्र का जाप करें, सखा।
जिसे जपते महेश सदा।
गुंजायमान कर दें कण-कण में
स्थापित कर दें जन-जन के मन में।
वे ही हमें आसुरी वृत्ति से मुक्त करवाएंगे, सखे।

प्रभुजी ही साड़ी बन द्यूत सभा में प्रकट हुए।
द्रौपदी की लाज बचाते, सूक्ष्म से विराट बने।
आओ महामंत्र का जाप करें, सखे।
गुंजायमान कर दें कण-कण में।
स्थापित कर दें जन-जन के मन में।
उनके सुमिरन से हम भी अपनी अस्मिता को पा जाएंगे, सखे।

वात्सल्य स्नेह से करते हमें परिपूर्ण और आनन्दित।
सियाजू बन, मां गौरी बन मातृत्व को करते वंदित।
आओ महामंत्र का जाप करें, सखे।
गुंजायमान कर दें कण-कण में।
स्थापित कर दें जन-जन के मन में।
उनके अस्तित्व से निःसृत धारा-प्रवाह हमें अजर-अमर कर देगी,
सखे।

राघव बन, माधव बन जन-जन का वे करते निस्तार।
हैं वे देवों के देव, महादेव, संपूर्ण सृष्टि में है उनका विस्तार।
आओ महामंत्र का जाप करें, सखे।
गुंजायमान कर दें कण-कण में।
स्थापित कर दें जन-जन के मन में।
महर्षि मतंग बन करेंगे वे हमारा भी स्वीकार, सखे।

धर्म, अर्थ, काम एवं मोक्ष सभी के हैं वे दाता।
जो जिस भाव से गुणगान करता, वैसा ही फल पाता।
आओ महामंत्र का जाप करें, सखे।
गुंजायमान कर दें कण-कण में।
स्थापित कर दें जन-जन के मन में।
प्यार करें उन्हें, चारों मुक्ति सौगात में दे देंगे हमें, सखे।

हैं वे परम ज्योतिस्वरूप, त्रिभुवन के हैं स्वामी।
सर्वत्र, सर्वज्ञ और हैं वे अंतर्यामी।
आओ महामंत्र का जाप करें, सखे।
गुंजायमान कर दें कण-कण में।
स्थापित कर दें जन-जन के मन में।
निमित्तमात्र बनें, वे त्रयताप मिटा देंगे, सखे।

अंतः करण चतुष्टय के हैं वे सम्मोहक।
हैं नाम, रूप, लीला और धाम उनके मनमोहक।
आओ महामंत्र का जाप करें, सखे।
गुंजायमान कर दें कण-कण में।
स्थापित कर दें जन-जन के मन में।
अमृतवर्षिणी दृष्टि से वे हमें रखेंगे संयमित,सखे

मात-पिता जन्म देकर भव सागर हैं दिखलाते।
तारणहार वैतरणी से पार उतारते।
आओ महामंत्र का जाप करें, सखे।
गुंजायमान कर दें कण-कण में।
स्थापित कर दें जन-जन के मन में।
उनकी नाव में बैठें, प्रणवानंद में डूब जाएंगे,सखे।

52

मेरे प्रभु
कृपा करें मुझ पर।
परीक्षित की तरह तुम्हारे गुणों का श्रवण कर सकूं।
लव-कुश बन तुम्हारा गायन कर सकूं।
परमहंस शुकदेव जैसा तुम्हारा कीर्तन मैं कर सकूं।
भक्त प्रह्लाद और भरत सा सुमिरन कर सकूं।

मेरे प्रभु
कृपा करें मुझ पर।
अंगद की भांति रहूं सेवानिष्ठ, दीनानाथ।
ना रहूं अधीर कभी, शबरी-सी हो गुरूनिष्ठा।
और रहूं पूजा में तल्लीन, ध्यान रहे तुम्हारा ही सदा।
अक्रूर बन, करूं तुम्हारा ही वंदन।
बजरंग बली-सी दासता हो मेरी।

मेरे प्रभु
कृपा-वृष्टि करें मुझ पर।
अर्जुन, सुग्रीव-सा हो मुझ में साख्य-भाव।
गीधपति-सा हो आत्म समर्पण।
सुमिरन सत्य करूं,देखूं सब में भगवान।
हो तुम सच्चिदानंदघन शोभाधाम।
तुम्हारी कृपा से पाऊं मैं परमधाम।

53

मत हो उदास सखे ?
नयनों में ना नीर भरो।
आओ चलें मंगल भवन के पास।
वे हैं अमंगल हारी।
रखते हैं वे हंस-हंस का ध्यान।
चल कर आएं हैं हमारा उद्धार करने।
आओ चलें,
अवसर को ना व्यर्थ गवांए हम, कुछ ना चलेगा साथ।
यम के द्वारे जाना पड़ेगा खाली हाथ।
जीवन का श्रृंगार करने
आओ चलें।
राग-द्वेष की कुरूपता मिटाने
आओ चलें।
लख चौरासी बंधन छुड़वाने
आओ चलें।
सुना है सब मिट जाते यहां जीवन के क्लेश।।
है यही वह दातार।
जहां बिन मांगे मिलते हैं मोती।
रहमतों से झोली भर जाती।।
हैं वे अन्नपूर्णा माता।
है यह वह आंचल जहां बिन रूदन दूध मिले।
आओ चलें।
निर्गुण,सगुण दोनो भक्ति उनसे ही हम पाएं।
लगी है हाट मुक्ति की, भक्ति की और सेवा की।

अमोघ हैं उनके दर्शन।
है मोल केवल उनके नाम का सुमिरन।
उनसे मिलकर हम अपने से मिल पाएं।
आओ चलें।

54

मत हो उदास सखे ?
यह तो समाज की रीत, सखे।
ना अपनी परवरिश पर संदेह करो, सखे।
बच्चे हैं बहुत प्यारे, सखे।
बेटे भी प्यारे हैं, बहुएं भी प्यारी हैं।
हैं प्यारे-प्यारे नौनिहाल, सखे।
पर वे हैं बालक नादान, सखे।
उनकी परवरिश में भूले हम अपने को।
अब ना उद्विग्न हो, सखे।
पुण्य आह्वान कर रहे हमारा।
चलो, चलें अपने घर, सखे।
वहीं होगा हमारा कल्याण, सखे।
उनके श्री पावन चरणों में पाएंगे परम विश्राम, सखे।
हमारा एक-एक कदम होगा नृत्य-तुल्य,
पांव में जैसे बंधे हों घुंघरू, सखे।
सोचो, प्रातः जब होगा उनका दर्शन, रवि भी जब करेगा उन्हें नमन।
उनसे छूकर जब आएगी बयार, क्या मलय बयार से कम होगी वह बयार सखे ?
जब लेंगे उसमें श्वास-प्रश्वास, काया रहेगी सदैव निरोग।
होगा यह विश्वास, सखे।
हैं अश्विनी कुमार प्रभु हमारे।
उनके प्यार में होगा निमज्जन, होगी वही गंग की धार, सखे।
उनके श्री चरणों में होंगे सभी धाम।
फिर जगत से हमें क्या काम, सखे ?

सोचो, उनका अन्न रक्त बन जब दौड़ेगा धमनियों में हमारे।
ढह जाएंगे सब विकार हमारे।
हम होंगे निर्मल मन, सखे।
जब पिएंगे उनका पानी, उनकी-सी होगी मधुर वाणी।
तो क्यों विह्वल होती हो, सखे ?
हैं वे सर्वव्यापक, सखे।
सोचो, रात्रि में जब हम एक-एक तारे में देखेंगे उनको।
क्या अद्भुत दृश्य होगा, सखे।
हैं अखंड वे, निर्द्वंद्व वे।
उस व्यापकता में हम अपने को विलीन कर पाएंगे, सखे।
हम होंगे एकाकार अपने प्रभु से।
उनका उच्छिष्ट अन्न इन भक्तों ने है पाया।
पाकर इन्होंने इस प्रसाद का यश भी बहुत फैलाया।
उनके प्रसाद के ये भक्त बने अधिकारी, सखे।
शंकर शुक सनकादि, कपिल, नारद, हनुमान।
अर्जुन, ध्रुव, विभीषण, अंबरीश।
है इनकी महिमा अति महान।
विश्वक्सेन, प्रह्लाद, बलि,भीष्म की महिमा भारी।
अनुरागी अक्रूर, सदा उद्धव अधिकारी।
अब ना विचलित हो सखे।
क्या पता, भाग्य और भी चमक जाए, सखे।
बापू सा नहीं है जगत में कोई हितकारी।
उनके अवशिष्ट भोजन का प्रसाद हम भी पा जाएं, सखे।
हम नहीं हैं वृद्ध, नहीं हैं असहाय सखे।
मां बनकर हाथों से उनका कभी हम भोग बना पाएं।
बेटी बनकर उनसे दुलार पा जाएं
बहन बनकर कच्चे धागे का बंधन उनसे जोड़ पाएं।

तो, नहीं हो ना उदास अब, सखे।
मिट गए सब संशय, शोक, सखे।।

55

जब जब हुई धर्म की हानि, लिया कृष्ण ने अवतार।
प्रण निभाने को पुनः हुआ रामावतार।।
परमेश्वर ही आए थे लेकर मनुज अवतार।
करने दूर अकुलाती परम सभीत धरा का भार।।
बापूजी के विग्रह में धर्म ही हुआ था साकार।।

मेरे गुरूदेव के अवतरण की लीला है बड़ी न्यारी।
ना कोई रावण, ना कोई ताड़का उन्होंने है मारी।।
ना पूतना के, ना ही कंस के वे हैं मारणहार।
सद्गुणों के अभियंता, वे तो हैं तारणहार।।
सृष्टि के कण-कण में है उनका ही विस्तार।।

तारकासुर के वध के लिए नहीं करना पड़ा उन्हें पाणिग्रहण।
धनुष-बाण, सुदर्शन चक्र, त्रिशूल नहीं हैं उनके आभूषण।।
वे हैं सौम्यता की प्रतिमूर्ति, हैं सुधाकर-से शीतल।
मंदराचल का धैर्य है उनमें, है उनके अस्तित्व से रोशन महीतल।।
परमहंस के अशर्त प्रेम से धन्य हुई जगतीतल।

स्नेहसिक्त है उनका आंचल, जिसके तले सुख पाते सभी प्राणी।
समीर का प्रवाह उनका ही श्वास- प्रश्वास, मूक की हैं वे वाणी।।
उनका नाद बधिर को देते कर्ण, सूरदास के हैं वे नयन।।
उनकी कृपा से नष्ट हो जाते हैं इहलोक के तीनों शूल।

यह नहीं है उनका परिसीमन, शुद्ध चैतन्य का है यह दर्पण।

आओ, समवेत स्वर में गाएं उनके गीत।
हो जाएं उनके समस्वर, पाएं उनकी प्रीत।।
सांसों को उनके नाम से बना दें अभिराम।
श्वास-श्वास से रिझाएं उन्हें, पाएं परम विश्राम।।

उनके श्री पावन चरणों में कर दें सर्वस्व अर्पण।
करें उनका अभिनंदन, रहमतों का करें संरक्षण।।
मुझ पर भी बरसाई अकारण ही सुदामा-सी सौगात।
उनकी रहमतों से ही है दुनियां में मेरी आज औकात।।
सदा रहूं उनकी मैं शुक्रगुजार, बीते जीवन मेरा उनकी ही आज्ञानुसार।।

56

हे दु:खभंजन !
आप ही मेरे गंतव्य हैं।
आशीष दें – दृढ़ता से करूं मैं पालन उन सबका,
आपके जो भी वक्तव्य हैं।

हे त्रिलोक के स्वामी !
सुख के सागर हैं आप।
आपका सुमिरन शीतल कर दे मुझे,
नष्ट कर दे मेरे त्रिविध ताप।

हे सर्वशक्तिमान !
छूना चाहूँ सत्-चित्-आनंद गगन विशाल।
उड़ने का पथ रिक्त कर दें,
पंखों में भर दें नव बाल ज्वाल।

हे करुणानिधि !
कुछ भी असाध्य ना रहे।
मेरा कर्ता भाव संस्कारित हो,
साक्षी भाव साध्य बने।

हे कृपा सिंधु !
तम अज्ञान हर लीजिए।
तुमसे ही है सारा संसार ज्योतिर्मय।

आतम ज्ञान का दीप जला,अनहद में स्थिर कर दीजिए।

हे मधुराधिपति !
निज स्वरूप दिखला दीजिए।
अपनी आँखों की गहराई में,
मुझको मुझसे मिला दीजिए।

हे चित्तरंजन,
आपकी वाणी में सुन लूँ, अनहद का मधुर संगीत।
सूरत में सुरती का दर्शन पाऊं,
हो जाए जीवन मेरा पुनीत।

हे इंद्रियातीत !
आप सदा अंग-संग हैं।
सभी विकार दूर करें मेरे
आप ही क्षमा के रंग हैं।

हे सत्यम् शिवम् सुंदरम् !
पुत्र कुपुत्र हो सकता है, माता-पिता न त्यागें साथ,
महतारी बन करना रक्षा मेरी,
पिता बन देना दृढ़ हाथ।

हे शिवकारी !
अजर-अमर, निरंतर आप।
जगत आपका सौंदर्यमय है,
हरें मेरे मन का संताप।

हे कल्याण-मित्र !
सत्मार्ग पर चलना सिखाएँ।
आध्यात्मिक उत्कर्ष की ओर
मुझको प्रतिपल बढ़ना सिखाएँ।

हे निराकार, साकार !
त्रिगुणातीत अपार आप।
स्मरण मात्र से संतुलित हों
मेरे सभी चक्र, मिटे मेरे सभी पाप।

हे विराट !
यशोगान करूँ आपका, विरुदावली असीम बने !
जीवन मेरा वंदन बनकर,
आपके ही चरणों में लीन रहे।

हे कर्णधार !
पतवार आपके हाथ रहे।
जीवन नैया डूब न जाए,
भवसागर से पार कर दे।

हे पतितपावन !
तन-मन को पावन कर दें।
पावक को शांत करें बन कर पावस,
चित्त में शांति का वास रहे।

हे दीनदयाल !
समस्त सृष्टि कृतज्ञ है आपकी।

देवों को भी दुर्लभ यह मानुष तन
मिला मुझको, कृपा है यह आपकी।

हे परमार्थी !
पद-रज से मिट जाएँ माथे के सब कुअंक मेरे।
स्वार्थ की सीमित, संकुचित परिधि से
परमार्थ के केंद्र बने पथ मेरे।

हे गुणसागर !
मुझमें अपने गुण भर दो।
मैं लहर छोटी-सी आपकी,
मुझको अपना सागर कर लो।

हे आनन्दसिंधु !
आपकी गोद में करूं अठखेलियाँ।
आपसे दूर न कुछ भी मेरा,
अस्तित्व मेरा, हैं आप जहाँ।

हे चेतन !
सहज स्वभाव जीवन में रम जाए।
चैतन्य करो, निर्मल बुद्धि दो,
मर्यादित हो जीवन, सहस्रार चक्र खिल जाए।

हे नटराज !
एकात्म भाव बस जाए।
मेरी आत्मा नर्तकी बनकर
आपमें ही रच-बस जाए।

57

प्रभुजी तुम्हें कैसे मैं रिझाऊं ?
तुम क्यों एक बार फिर धोबी को देते मान ?
कैसा है यह तुम्हारा विधान ?
क्यों भक्त को बार-बार देनी पड़ती है परीक्षा ?
क्यों होता है वह विभक्त, अपने भगवान के ही हाथों से ?
अहिल्या की स्तुति तुम्हें प्यारी, शबरी की निष्ठा पर तुम वारी।
मैं हूं अधम-से-अधम नारी।
मुझे करनी नहीं आती स्तुति तुम्हारी।

प्रभुजी तुम्हें कैसे मैं रिझाऊं ?
रीझने की तुम्हारी रीति है बड़ी निराली।
सुग्रीव, विभीषण की किस अदा पर तुम रीझ गए ?
अनुनय-विनय श्री चरणों में, यह रहस्य जरा खोलें।
भरत समान कैसे हुए वे प्रिय ?
मैं भी तो तुम्हारा वैसा ही स्तुतिगान करूं।
मैं भी तुम्हारे प्रेम का पात्र बनूं।

हे शरणागत प्रतिपाल ! तुम्हें कैसे मैं रिझाऊं ?
रीझने की तुम्हारी रीति है बड़ी निराली।
बाली, जटायु की शरणागति से हूं मैं अनभिज्ञ।
अनुनय-विनय श्री चरणों में, यह रहस्य जरा खोलें।
कैसे उन्होंने सायुज्य मुक्ति पाई ?
मैं भी तो तुम्हारा वैसा ही स्तुतिगान करूं।
मैं भी मुक्त हो जाऊं।

हे विश्व भरण पोषक ! तुम्हें कैसे मैं रिझाऊं ?
रीझने की तुम्हारी रीति है बड़ी निराली।
गजराज ने कौन-सी की थी तपस्या,
जो भोजन की थाली छोड़ उसका उद्धार करने को दौड़ पड़े ?
अनुनय-विनय श्री चरणों में, यह रहस्य जरा खोलें।
क्यों तुमने उसे झषराज से मुक्त किया ?
मैं भी तो तुम्हारा वैसा ही स्तुतिगान करूं।
मैं भी विषय- झषराज के चंगुल से बच जाऊं।

हे पतितपावन ! तुम्हें कैसे मैं रिझाऊं ?
रीझने की तुम्हारी रीति है बड़ी निराली।
अहिल्या तो पाषाण शिला थी।
अनुनय-विनय श्री चरणों में, यह रहस्य जरा खोलें।
कैसे तुम्हारी कृपा और भक्ति पाई ?
मैं भी तो तुम्हारा वैसा ही स्तुतिगान करूं।
मैं भी पवित्र हो जाऊं।

हे जगतपति ! तुम्हें कैसे मैं रिझाऊं ?
रीझने की तुम्हारी रीति है बड़ी निराली।
मां गौरी ने चौदह हजार वर्षों तक की तपस्या।
सहोदर सहित रावण ने दस हजार वर्षों तक की तपस्या।
तब वे तुम्हारी कृपा के पात्र बने।
अनुनय-विनय श्री चरणों में, यह रहस्य जरा खोलें।
क्यों तुम्हारी रीझने की यह रीत निराली ?

तुम हो सरल से भी सरल और जटिल से भी जटिल।

मैं हूं बालक नादान।
नन्हा-सा बालक। ध्रुव-प्रह्लाद से भी बलहीन।
अनुनय-विनय श्री चरणों में, अपनी जटिलता कहीं और दिखाना।
मात-पिता, बंधु-सखा, सब कुछ, हो तुम मेरे।
मुझमें नख-शिख भरा हुआ है विकार।
तुम समरथ, मैं असमर्थ।
विकार सहित करो मेरा स्वीकार।
या
मुझे दे दो अपना दर्शन, जिसकी अमोघता है विश्वविख्यात।
और मेरे कोटि-कोटि जन्मों के पाप कर दो समाप्त।
अहैतुक कृपालु।
तुम्हें कपट, छल-छिद्र नहीं भाता ना।
मैने निष्कपट अपने सब दोष किए हैं प्रकट।
मैं अब नहीं हूं भयाक्रांत।
क्या तुमने मुझे क्षमादान दिया आद्योपांत ?
क्या मेरी निष्कपटता, मेरी सरलता तुम्हें रिझा गई आशुतोष ?

58

तितलियों के पीछे दौड़ते बचपन में मैं हूं।
पिता की गोद में बैठने की जिद्द करते ध्रुव में मैं हूं।
पिता की अवज्ञा करते प्रह्लाद में मैं ही हूं।
मां की प्रसव- पीड़ा को हृदय में समाती मैं हूं।
मां के आंचल का दूध और आंखों का नीर भी मैं ही हूं।
बच्चे की हर इच्छा में मौजूद मैं ही हूं।

धरती की सहनशील चुप्पी में मैं हूं,
आकाश की अनंतता के मान में मैं हूं।
अग्नि की ज्वाला के तेज में मैं हूं,
जल की शीतल पहचान में मैं ही हूं।
सांस-सांस में धड़कता हुआ "मैं" भी मैं ही हूं।

गिरकर फिर उठ जाने की जिद में मैं हूं।
आशाओं की छांव में पलता विश्वास मैं हूं।
कर्मपथ पर चलती थकी हुई सांसों में मैं हूं।
प्रार्थना बनकर जुड़ते दोनों हाथों में मैं ही हूं।

धरती की सहनशील चुप्पी में मैं हूं,
आकाश की अनंतता के मान में मैं हूं।
अग्नि की ज्वाला के तेज में मैं हूं,
जल की शीतल पहचान में मैं ही हूं।
सांस-सांस में धड़कता हुआ "मैं" भी मैं ही हूं।

बीते हुए कल की स्मृतियों में मैं हूं।
आने वाले कल की आहट में मैं हूं।
अश्रु की नमी में छिपी करुणा में मैं हूं।
हंसी की झंकार में गूंजती जीवन-ध्वनि मैं ही हूं।

हर रिश्ते में बंधती, हर बंधन से परे मैं हूं।
क्षण-क्षण बदलती इस जीवन धारा में मैं हूं।
अहंकार के टूटते क्षण में मैं हूं,
समर्पण के झुकते मन में मैं हूं।

59

हे मेरे गुरूदेव! नानक जी ने तेरी आरती गाई।
आरती गाई जगतारण की, यम त्रास निवारण की।
सुखकंद की, दीनबंधु भगवन की।
सुखदाता, दुःख भंजन जी की।
परम पुरुष पूरण सद्गुरू की।
तत्व के तेल, प्रेम की बाती, योग की अग्नि से भंवरा बन तेरी आरती उतारी।
ब्रह्मांड भी तेरी आरती में झूम रहा है।
गगन की थाल में रवि शशि के दीपक जले हैं।
तारों के मोतियों से माला गूंथी है, पवन चंवर डुला रहा है।
सकल वनराय की हरियाली तेरे कदमों में बिछा दी है।
चंदन के वृक्ष अगरबत्ती बन सुगंध बिखेर रहे हैं।
अनहद नाद मानो वाद्य यंत्र की धुन है।
ब्रह्मांड के सभी जीव,सजीव और निर्जीव, तेरी आरती में शामिल हैं।
तेरी आरती की शोभा बहुत ही निराली है, बिल्कुल तेरी ही तरह।
निराकार, साकार, भव खंडना है तू।
कितना विराट है तू ! निर्गुण रूप में रसहीन है तू !
कण-कण में, प्राणी-प्राणी में जीवंत है तू।
विषयों के रस से अनजान नहीं तू।

नानक जी ने गाई, सकल ब्रह्मांड ने गाई।
यह दासन दास भी तेरी आरती उतारे।
मैं भी गाऊं तेरी आरती झूम-झूम कर।

आरती गाऊं सद्गुरू अवतरण की।
तू ही माता, तू ही विधाता, तू ही पिता, तू ही सुखदाता।
केशों से है मैंने चौक बुहारा।
प्रेम नीर से दिव्य स्नान कराया, श्रद्धा जल से चरण पखारे।
चित्त सिंहासन पर सद्गुरु विराजे।
हृदय का थाल है मैने बनाया, हस्त रेखाओं से इसे है सजाया।
शीश चढ़ाया चरणन सद्गुरू के।
अक्षि ज्योति के दीपक जलाए। मन के फूलों का हार बनाया।
सांसों का चंवर मैने डुलाया। तन मन धन सब भेंट चढ़ाया।
भावों का मैंने भोग लगाया।
आरती गाई मुनि मन रंजन की, भव भय भंजन की।
गुण-अवगुण समर्पित तेरे चरणों में, अब तो कृपा करो सद्गुरू जी।
दूर करो त्रिकुटी अंधियारी, शांत करो बिरहन सुरती मेरी।
अनहद से जोड़ो प्रीत मेरी, चरणों में तेरी है ये विनती मेरी।
तुम बिन कौन मुझे उबारे। दूर करो सब विकार घनेरे।
तुम्हरी परिक्रमा कर भव से मुक्त हो जाऊं।
पतंगा बन तुझ में समा जाऊं, तुम्हरी आरती से सोए भाग जगाऊं।
मान- अपमान में चित्त ना धरूं, किसी बात का करूं ना गुमान।
रिपु ,मित्र में ना हो कोई भेद, सुख-दुःख में रहूं मैं समान।
गुरू की महिमा अगम बखानी, आरती करन ना मैं कछु जानी।
ना मैं जानूं वाद्य यंत्र, ना ही सुर कोई सजा मेरा।
मेरा तंत्र भी रहता अस्वस्थ, कैसे गाऊं गुणगान मैं तेरा।
मैं हूं मतिमंद, अधम-से-अधम, समदर्शी बन राखो मुझे अपनी कृपा के अधीन।
आरती गाई दासन दास ने तेरी। आरती गाई पतित पावन की।
आरती गाई अब मैं पूरी, प्रसाद में दे दो अपनी चरणन धूरि।
राम बन मुझ अहिल्या का करो उद्धार, कृष्ण बन इस कुब्जा का करो

निस्तार।
शिव बन करो मेरा कल्याण, बन मीत मेरे रंग दो मुझे अपने रंग। करो अपनी प्रेम भक्ति मुझ पर बुलंद। चहुं दिसि फैल रही है तेरी स्वछंद सुगंध।

www.ingramcontent.com/pod-product-compliance
Lightning Source LLC
LaVergne TN
LVHW022231200926
848481LV00006B/2220
9798900816883